推动能源生产和消费革命战略研究系列丛书
（第三辑）
中国工程院重大咨询项目成果文库

能源革命推动老工业基地转型发展

黄其励　谢克昌　李全生 等　著

科 学 出 版 社
北 京

内 容 简 介

本书以能源革命推动老工业基地转型发展为目标，针对我国东北老工业基地和山西老工业基地的能源转型发展问题开展了研究。通过调研分析了解我国两大老工业基地的发展现状，并与国外老工业基地转型发展经典案例进行对比分析，采用综合能源优化模型分析并提出了能源革命内涵、战略定位及目标、实施路线图和举措建议。

本书适合从事能源、政企管理、工程设计等领域的技术人员和研究人员参阅，也可供大专院校相关专业师生，以及政府和煤炭企业的管理人员等参考。

图书在版编目（CIP）数据

能源革命推动老工业基地转型发展 / 黄其励等著. —北京：科学出版社，2021.10

（推动能源生产和消费革命战略研究系列丛书. 第三辑）

中国工程院重大咨询项目成果文库

ISBN 978-7-03-069071-5

Ⅰ. ①能…　Ⅱ. ①黄…　Ⅲ. ①老工业基地–转型经济–经济发展–研究–中国　Ⅳ. ①F427

中国版本图书馆 CIP 数据核字（2021）第 108670 号

责任编辑：郝　悦　/ 责任校对：贾娜娜

责任印制：张　伟 / 封面设计：有道设计

科学出版社 出版

北京东黄城根北街 16 号

邮政编码：100717

http：//www.sciencep.com

北京捷迅佳彩印刷有限公司 印刷

科学出版社发行　各地新华书店经销

*

2021年10月第　一　版　开本：720×1000　B5

2021年10月第一次印刷　印张：7 3/4

字数：150 000

定价：98.00 元

（如有印装质量问题，我社负责调换）

推动能源生产和消费革命战略研究系列丛书
（第三辑）
编委会成员名单

本书作者名单

课题负责人

黄其励　谢克昌

专题一　东北老工业基地能源转型战略研究

组　长：赵文智　李　政　李伟起

成　员：麻林巍　张国生　高　丹　高聚忠　张　衡

王裕祥　李子豪　杨　超　郑天文　雷　一

包维瀚　李天枭　陈思源　孔　庚　赵　娅

郝政祎　周　奎

专题二　山西老工业基地能源转型战略研究

组　长：袁　亮　栗继祖

成　员：姚西龙　高燕桃　雷海涛　张　锦　葛帅帅

李晓瑜　郭　枝　刘　昕

专题三　能源革命推动老工业基地能源转型发展的政策建议

组　长：黄其励　谢克昌　李全生

成　员：张　凯　于志永　胡道成　杨英明　赵勇强

邢朕国　严晓辉　刘文峰　邢　刚　陈钰鑫

推动能源生产和消费革命战略研究系列丛书
（第三辑）
丛 书 序

能源是人类社会发展的重要支柱，是国民经济发展的重要基础。致力于促进中国工程科学技术事业和经济社会可持续发展的中国工程院，自 1994 年建院以来就将能源问题纳入战略咨询的重要范畴。能源革命战略研究已做成了系列，做成了中国工程院的品牌。

党的十八大首次提出“推动能源生产和消费革命”[①]。习近平于 2014 年提出“四个革命、一个合作”能源安全新战略以来，推动能源革命已经成为中长期我国能源发展的基本遵循[②]。中国工程院于 2013 年 5 月启动了“推动能源生产和消费革命战略研究”重大咨询项目，创新性地提出了能源革命三阶段论述；又于 2015 年 10 月启动了以农村能源、西部能源和“一带一路”能源合作为重点的能源革命二期重大咨询项目，提出农村地区和西部地区推进能源革命“三步走”战略。

区域经济社会发展和生态环境保护离不开能源的支撑保障。党中央提出的“四个革命、一个合作”能源安全新战略，以及以京津冀协同发展等为代表的国家区域发展战略的深入贯彻实施，为新时期能源发展提供了基本遵循和方向指引。鉴于此，中国工程院于 2018 年 3 月启动了“推进能源生产和消费革命（2035）——能源革命推动经济社会发展和生态环境保护战略研究”重大咨询项目。项目以主动视角审视当前国家能源发展情况，立足“变被动为主动”的研究观点，深入研究能源革命对经济社会发展和生态环境保护的推动作用，全面分析能源与经济社会、生态环境的相互关系，旨在新形势下结合区域发展战略的顶层指引和能源资源禀赋的实际，因地制宜推进区域能源革命，推动区域经济社会发展和生态环境保护。

历时两年的研究，项目取得了一系列研究成果。围绕能源革命推动京津冀协

---

① 胡锦涛在中国共产党第十八次全国代表大会上的报告，http://cpc.people.com.cn/n/2012/1118/c64094-19612151.html[2012-11-18]。

② 习近平：积极推动我国能源生产和消费革命，http://www.xinhuanet.com/politics/2014-06/13/c_1111139161.htm[2014-06-13]。

同发展和雄安新区建设、长三角创新发展、珠三角开放发展、老工业基地转型发展、中部地区崛起、能源富集地区绿色发展、西南地区共享发展、能源安全保障等研究内容，通过典型的区域案例和技术案例的调研与分析，在系统总结和深入研究能源革命对经济社会发展和生态环境保护的推动作用及能源安全专题分析研究的基础上，提出因地制宜推进能源革命的指导思想、战略思路、战略目标，阐述了 2035 年、2050 年能源革命在推动经济社会发展和改善生态环境方面的重要作用和推进区域能源革命的七大战略举措：第一，推进京津冀能源与经济、环境的协同发展，力争生态环保实现率先突破；第二，依托长三角一体化发展优势，建立集成优化、区域联动、智能调控的能源系统，推动区域创新发展；第三，依托“一带一路”和粤港澳大湾区建设，将珠三角地区打造成国家油气储备基地和可再生能源基地，成为国家能源安全保障体系的重要一环；第四，以能源高值化、多元化、低碳化推进经济转型，激发老工业基地振兴新动能；第五，充分发挥枢纽区位优势，依托西气东输、西电东送、北煤南运，将中部地区重点打造成为保障中东部地区能源供应的综合枢纽站；第六，依托新一轮西部大开发战略，将能源富集地区打造成绿色可持续的国家能源安全保障基地；第七，推进清洁能源开发与消纳，促进乡村振兴，共享西南地区能源发展成果。并从政策制定、组织机构、财税金融、人才队伍建设等方面提出相关措施，保障相关战略举措的落地生根。

通过研究，项目形成了《推进能源生产和消费革命（2035）——能源革命推动经济社会发展和生态环境保护战略研究》总报告 1 份和 9 份课题报告及其摘要报告，其报告由科学出版社出版发行。同时，项目相关研究成果也及时做了总结，向党中央、国务院及有关部门上报了《关于能源革命与区域发展协调推进的建议》等 5 份院士建议，递交《关于建设榆林国家级能源革命创新示范区的提案》等 3 份全国政协提案。项目研究成果对于我国推进能源革命具有重要借鉴意义。

在项目的研究中，参加人员坚持咨询工作的“战略性、科学性、时效性、可行性、独立性”，注重战略研究的“方法创新、调研充分、研讨深入、组织严谨”，取得了重要成果，不仅数据翔实、目标明确，而且技术路线和政策措施具体。

项目的研究成果是项目组全体院士、专家集体智慧的结晶，作为项目负责人，我衷心感谢项目顾问李晓红、周济等院士的精心指导和所有参与研究及提供支持的院士、专家的辛勤工作，期望本丛书能够进一步为政府部门的科学决策提供科学支撑，为相关领域专家学者的进一步研究提供有益借鉴。

在新的历史阶段，能源革命正面临着新的挑战与机遇。作为全球最大的能源消费国和生产国，中国同时也在积极推进全球能源绿色转型发展。目前正在组织开展能源革命系列第四期即“能源战略（2035）”研究，阶段成果已提交院士建议 3 份，将继续为推动新时代能源事业高质量发展、践行“四个革命、一个合作”能源安全新战略献计献策。

谢克昌

2021 年 5 月 20

前　言

为贯彻落实党的十九大精神，推进能源生产和消费革命，加快构建清洁低碳、安全高效的能源体系，2018 年 3 月中国工程院启动了“推动能源生产和消费革命战略研究（三期）”重大咨询项目。其中课题 5 为“能源革命推动老工业基地转型发展”，由谢克昌院士和黄其励院士负责。课题组通过对东北老工业基地、山西老工业基地的能源供需现状、在能源革命中面临的挑战、能源转型对老工业基地经济社会发展和生态环境保护的推动作用进行研究，提出了老工业基地在国家能源革命中的战略定位、能源发展战略和发展重点，以及能源革命推动老工业基地转型发展的政策建议。创新性成果要点如下。

1. 立足国际视野，紧密结合区域能源和经济社会发展特征，提出了能源革命推动老工业基地转型发展战略与路径

提出了区域内能源多元化开发利用与转型升级、区域间能源全产业链互补协同、国际能源大合作等三大发展战略，为推动老工业基地转型发展提供战略咨询参考。第一，加强化石能源作为能源、资源双功能的利用，推动区域能源结构向多元化转变，进一步延伸产业链条；提高能源开发利用效率和经济效益，打造可再生能源开发利用大基地。第二，提出构建“山西-蒙东-东北”能源经济特区设想，加强区域资金、技术与产业的对接与交流，加强跨区域能源合作开发与供应，促进区域间优势互补与协同发展，带动老工业基地转型发展。第三，依托“一带一路”倡议，充分发挥东北区位优势，通过“外联内引”实现产品和服务在东北亚国家的高效流通，深化东北亚区域能源合作。

2. 立足科技创新，提出了通过能源革命推动老工业基地转型发展的技术路径

提出了陆相页岩油开采、废弃矿井综合利用、废弃油气藏的功能化利用三个方向科技创新的建议，为推进老工业基地能源技术革命提供支撑。第一，提出了在东北含油气盆地勘探开发陆相页岩油的国家战略建议，提出了采用地下原位加热转化开采等新技术开发东北地区陆相页岩油的技术路径，提出了建设页岩油开发示范基地的建议。第二，提出了利用老工业基地废弃矿井加强开发利用煤层气、矿井水等伴生资源发展光伏发电、地热、多能互补等新产业，以及促进生态环境修复的策略。第三，提出了选择合适的废弃油气藏改建为地下储气库的思路，归纳了废弃油气藏改建地下储气库的评价原则，提出了建立国家战略储气库、加快储气库经营市场化改革的建议。

3. 立足机制和模式创新，提出了能源革命推动老工业基地转型发展的新路径

提出了可再生能源多元化利用战略与模式，以及老工业基地风电供暖四方协作模式、利用储热式电锅炉技术供暖、风电制氢等建议。第一，提出了依托电力市场交易平台的“政府+电网公司+风电企业+供热企业”四方协作的模式。在技术选择上，提出在风电供暖项目中推广储热式电锅炉，以储热替代储电，有效平衡风电出力与供热负荷的思路。提出了风电制氢用于化工和氢能燃料电池汽车等产业的全产业链发展战略，发展氢能经济，培育老工业基地绿色经济新动能。第二，提出了加大科技研发投入力度，依托“一带一路”倡议加快东北装备制造业“走出去”的振兴东北老工业基地装备制造业的路径。第三，提出了培育信息、生物制药等高新技术产业，以及在航空、装备等优势产业推广能源大数据、数控机床等智能技术以发展先进制造业的建议。第四，提出了东北农林牧业发展必须坚持生态优先的理念与适合区域特点的高质量发展的原则和多元化经营路径。

4. 立足量化模型，分析了能源革命对老工业基地经济社会发展和生态环境保护的推动作用

研究了能源革命与社会经济发展、能源革命与生态环境保护的相关关系，提出了能源革命推动老工业基地社会经济发展和生态环境保护的战略与路线图。第一，建立了协同效益评估模型，通过模型和情景分析法，定量核算了老工业基地能源革命对经济社会发展的推动作用和对生态环境的保护作用，证明了能源革命对老工业基地转型发展的正向推动作用。第二，提出了传统化石能源产业转型发展、新能源产业规模化发展、化石能源产业与新能源产业耦合协调发展等能源革命路线图，在老工业基地从供给侧落实我国的能源革命战略。第三，提出了税收减免、科技创新投入、重大工程科技研发、人才引进等政策建议。第四，提出了能源产业结构、区域经济结构的优化目标和举措，形成了能源革命推动老工业基地转型发展的新模式，助推老工业基地绿色可持续发展。

目　　录

第一章 研究背景和意义

第一节 能源革命是推动老工业基地转型的重要支撑

一、能源革命是保障国家能源安全的重大战略举措

“十二五”以来，我国能源产业快速发展，供给保障能力不断增强，发展质量逐步提高，创新能力迈上新台阶，新技术、新产业、新业态和新模式开始涌现，我国能源结构调整步伐加快，绿色生产生活方式正在形成，能源发展也正由资源消耗高、污染排放高、经济效益低的“黑色经济”，转向资源消耗低、污染排放低、经济效益高的“绿色经济”，清洁、低碳、安全、高效的能源发展道路成为普遍共识，能源发展站到转型变革的新起点。

进入“十三五”时期，我国能源发展进入新阶段，能源消费增长换挡减速，保供压力明显缓解，供需相对宽松，但在供求关系缓和的同时，结构性、体制机制性等深层次矛盾进一步凸显，生态环境承载力脆弱，技术水平亟须突破，成为制约能源绿色发展的重要因素。能源事关国家安全，针对现阶段能源发展机遇和挑战，习近平总书记审时度势，明确提出了我国能源安全发展的“四个革命、一个合作”战略思想，即“推动能源消费革命，抑制不合理能源消费；推动能源供给革命，建立多元供应体系；推动能源技术革命，带动产业升级；推动能源体制革命，打通能源发展快车道；全方位加强国际合作，实现开放条件下能源安全。”[1]在十九大报告中，习近平总书记再次强调要“推进能源生产和消费革命，构建清洁低碳、安全高效的能源体系”[2]。这些重要战略思想和论述，开辟了中国特色能源发展理论的新境界，为我国能源发展提供了根本遵循[3]。

二、老工业基地转型发展是国家区域发展战略的重要组成部分

本书中的老工业基地包含东北老工业基地和山西工业基地。东北地区主要包括辽宁、吉林、黑龙江 3 省，中华人民共和国成立 70 年以来，东北老工业基地源源不断地为国家输送了大量钢铁、煤炭、石油、电力、木材等重要能源和原材料，

为我国的能源发展、经济建设和现代化建设做出了巨大的贡献。在20世纪50年代，东北地区以占全国8%左右的人口和地域面积创造了全国25%以上的工业产值，然而在此后20年该比例发生了明显的下降[4]。随着我国经济体制改革的不断深入，东北地区的经济增长逐渐失去制度性优势，并需要承受比其他地区更多的改革与体制转换成本，其经济地位不断下降[5]。东北经济在产业结构、产品结构、技术结构、需求结构、发展模式上存在着多种不平衡，这些不平衡严重制约了东北经济的发展。随着市场经济的不断发展，东北地区进入了转型发展的关键时期，亟须转型发展。

山西省是我国重要的能源基地和老工业基地，在认真履行全国能源基地责任的过程中，因煤而兴、因煤而困的矛盾始终挥之不去。长期以来高强度、粗放式、大规模的煤炭资源开发，导致山西省产业单一、生态环境破坏严重，煤炭资源型经济发展的深层次矛盾和问题日益突出，严重地制约着山西省经济社会的可持续发展[6-7]。

2016年3月，十二届全国人大四次会议表决通过了《中华人民共和国国民经济和社会发展第十三个五年规划纲要》，将区域发展战略提升到了新高度，赋予了新内涵，部署了新任务，突出了“四大板块”和“三大战略”相互呼应的特点，区域协调发展呈现新格局。区域经济社会发展和生态环境保护离不开能源的支撑保障与协调发展。由于各区域能源资源禀赋特点差异较大，经济社会发展和生态环境现状也不尽相同，因此，在国家推进能源革命的过程中，必须与区域发展战略有机结合，重点突出与区域经济发展和生态环境保护的协调[8]。

2016年4月26日，《中共中央 国务院关于全面振兴东北地区等老工业基地的若干意见》发布。该意见提出，到2020年，东北地区在重要领域和关键环节改革上取得重大成果。产业迈向中高端水平，在此基础上，再用10年左右时间，东北地区实现全面振兴，成为全国重要的经济支撑带。2019年3月19日，中央全面深化改革委员会第七次会议上审议通过了《关于新时代推进西部大开发形成新格局的指导意见》，提出推进西部大开发形成新格局。2019年《政府工作报告》也提出，推进西部开发、东北振兴、中部崛起、东部率先发展，出台一批改革创新举措。中央全面深化改革委员会第八次会议审议通过了《关于在山西开展能源革命综合改革试点的意见》。会议强调，推动能源生产和消费革命是保障能源安全、促进人与自然和谐共生的治本之策。山西要通过综合改革试点，努力在提高能源供给体系质量效益、构建清洁低碳用能模式、推进能源科技创新、深化能源体制改革、扩大能源对外合作等方面取得突破，争当全国能源革命排头兵。此前的2017年，国务院印发了《关于支持山西省进一步深化改革促进资源型经济转型发展的意见》，为山西省加快破解制约资源型经济转型的深层次体制机制障碍和结构性矛盾，走出一条转型升级、创新驱动发展的新路，努力把山西省改革发展推向更加深入的新阶段，为其他资源型地区经济转型提供可复制、可推广的制度性经验[9-12]。

三、能源革命是实现老工业基地振兴发展的重要支撑

能源革命是推进新形势下老工业基地转型发展的重大战略。东北地区是新中国工业的摇篮和重要的农业基地。推动东北经济脱困向好、实现新时期振兴发展，事关全国高质量发展大局，事关区域协调发展全局，事关广大人民群众福祉。2019年5月中央全面深化改革委员会第八次会议审议通过《关于在山西开展能源革命综合改革试点的意见》，提出“山西要通过综合改革试点，努力在提高能源供给体系质量效益、构建清洁低碳用能模式、推进能源科技创新、深化能源体制改革、扩大能源对外合作等方面取得突破，争当全国能源革命排头兵”。

东北作为我国典型的老工业地区，国家发展战略为东北转型指明了方向和目标，推进能源生产和消费革命是其中重要一环。认真贯彻落实创新、协调、绿色、开放、共享五大发展理念，紧紧围绕“四个革命、一个合作”能源安全新战略的总体要求，控制能源消费总量，优化能源结构，以能源技术创新为动力，转变发展方式、优化经济结构、转换增长动力，是东北老工业基地全面建成小康社会，实现振兴发展的重要支撑。

东北老工业基地工业转型应重点突破产业结构不平衡、环境污染严重的发展现状。长期以来，东北地区工业比重高，第三产业发展滞后，主要依靠重化工产业来发展经济。其经济发展和生态环境呈现以下特征：大多数企业处于产业链的上游或中低端，创新能力不足，产学研协同机制不顺畅，严重依赖投资拉动经济增长。与此同时，污染物排放问题严重，废弃矿山/矿井的生态环境负效应明显。

山西省具有能源革命需求，面对能源革命的新形势、新机遇、新挑战，顺应发展大势，以打造全国能源革命排头兵为战略定位，以服务全省经济转型为战略目标，推动山西能源革命发展行稳致远，是提升经济发展质量效益，实现山西经济较快、健康、可持续发展的必由之路。

因此，开展能源革命推动老工业基地转型发展战略研究，有利于增强区域能源安全保障能力，提升经济发展质量和效益，增加基本公共服务供给，建设生态文明，实现能源生产和消费方式的根本性转变，为构建清洁低碳、安全高效的能源体系提供战略支撑。

第二节 能源革命推动老工业基地转型面临的机遇与挑战

为促进老工业基地区域内能源开发利用多元化转型、区域间能源全产业链互补协同、国际能源大合作三大战略发挥积极效应，东北、山西等老工业基地应积极把握新时期的机遇，认清能源革命所面临的挑战，发挥区域联动优势，创造能源产业新动力。

一、能源革命推动老工业基地转型面临的机遇

“一带一路”倡议为东北老工业基地能源革命带来了区域经济发展的机遇。受“一带一路”倡议的带动与推进，国内外区域经济都面临着新的形势。在“一带一路”倡议中，东北地区的首要任务就是建设东北亚开放窗口。现阶段的完善基础设施建设，将会有效拉动各区域内需，为各区域间合作创造更大空间；优化产能与调整区域经济结构，将会有力带动新兴产业的发展。新常态下全国产业结构全面调整，第一、第二、第三产业比重不断重塑，传统工业升级改造。市场经济改革为东北这样工业占比较大、民营企业发展失衡的经济现状体制创新奠定了基础。同时，东北老工业基地拥有丰富的自然资源和巨大的存量资产，提高现有资源的利用率和生产效率离不开技术创新的支持，技术进步为老工业基地能源转型提供了有力支撑。

国家能源战略部署为东北地区能源革命提供了新的机遇。2016 年 4 月，国家发展和改革委员会（以下简称国家发改委）、国家能源局等联合发布的《能源技术革命创新行动计划（2016–2030 年）》，提出了能源技术革命重点创新行动路线图，部署了 15 项具体任务，包含氢能与燃料电池技术创新等。2016 年 6 月，国家发改委、国家能源局、工业和信息化部联合发布《中国制造 2025—能源装备实施方案》，再次为能源产业的发展指明了方向。2017 年，国家能源局批准多项储能、能源创收项目；2018 年 1 月，科学技术部将“可再生能源与氢能技术”列入重点专项，积极加以支持。可见，我国能源产业正在以迅猛之势布局发展，对东北老工业地区能源转型有着十分有利的影响。随着中央批准的《关于在山西开展能源革命综合改革试点的意见》的实施，山西将是全国首个能源革命综改试点，跨领域改革将全面铺开，“一煤独大”的畸重型产业结构即将发生变化。《关于支持山西省进一步深化改革促进资源型经济转型发展的意见》也要求，作为重要能源基地和老工业基地的山西“为其他资源型地区经济转型提供可复制、可推广的制度性经验”，该意见还明确了七方面重点任务，其中摆在首位的便是“健全产业转型升级促进机制，打造能源革命排头兵”。围绕推动能源供给革命、推动能源消费革命、深化能源体制改革等内容，针对煤炭行业，到 2020 年，煤炭先进产能占

比逐步提高到 2/3，煤炭清洁高效开发利用水平大幅提高、供应能力不断增强，打造清洁能源供应升级版。国家发改委 2019 年 4 月印发的《2019 年国家综合配套改革试验区重点任务》中，对山西作为“能源革命综合改革试点”提出了具体要求：完善煤层气勘查区块公开竞争出让制度，全面建立煤层气矿业权退出机制。深化电力体制改革，加快输配电价改革。完善国有资本授权经营体制，改革国有资本监督管理体制，调整优化国有资产布局，更大力度推进国有企业混合所有制改革。

二、能源革命推动老工业基地转型面临的挑战

老工业基地转型观念滞后，创新意愿不强。思想观念不转变，转型发展就无法深入，当务之急在于地方政府解放思想、转变发展观念，以适应改革和发展新形势的需要，用观念转变促进发展转型。以山西为例，当前“山西经济正处于一个重大历史拐点”，到了发展动力深度转换、经济结构全面升级的新阶段，无论是煤炭产业，还是整体经济都需要在转型创新中焕发新的活力。为应对东北经济不断加大的下行压力，推动东北老工业基地发展方式由主要依靠要素驱动向更多依靠创新驱动转变，再造区域竞争新优势，国家在政策方面对东北老工业基地给予了大力的支持和指导。但是，制约创新发展、高质量发展、科技与经济结合的体制机制障碍依然突出，创业活动不活跃，新兴产业发展滞后，科教优势未能有效转化为经济优势。东北老工业基地近年来经济下行的一个重要原因也是转型观念滞后，创新意愿不强。因此，东北老工业基地推行转型发展，也要观念先行，以“问题导向、重点突破，深化改革、激发活力，创新驱动、转型升级，人才为本、强化激励，上下联动、形成合力”的基本原则为指导，加大企业技术改造力度，提高自主创新能力，促进自主创新成果产业化，促进传统产业转型升级，促进新兴产业培育和发展是老工业基地转型升级和高质量发展的重要内容。

国内外经济大环境对老工业基地经济发展存在影响。从国际方面来看，东北地区周边国家发展缓慢，东北亚区域内部分国际矛盾突出，政治层面的不确定性对区域内国家经济合作有一定的负面影响。从国内经济形势来看，当前全国经济运行总体平稳，但下行压力加大，东北由于能源原材料产业和重化工业比重大，受国际市场变化和国内需求不足的影响更为明显，加上体制机制改革滞后等内在因素，经济下行压力更大。山西地处内陆，与周边国家进行经济交流的条件相对具有局限性，加之作为煤炭能源大省，能源资源对经济发展具有巨大推动作用，国际能源资源获取风险的增加和国内经济下行压力、环境保护的紧迫，使山西经济进入瓶颈期。必须全面准确判断和把握经济走势，采取有效措施，破解发展难题。

老工业基地的内部矛盾也是阻碍工业转型的重要原因。东北地区在过去的发展中，政府过于注重对传统产业和国有企业的投入，忽略了对新兴产业和民营企业的培育，造成了工业经济占比过大、服务业等第三产业占比较低的现状，以及国有经济占比过大、改革滞后、经济发展活力不足等问题。同时，早年经济的粗放式发展导致资源和环境破坏严重，以及人才外流现象突出，亟须进一步加大改革和创新的力度，加快发展步伐。作为全国资源依赖型经济的典型代表，山西的资源经济也面临着诸多问题。改革开放以来，山西是中国重要的煤炭基地，为保障国家能源供应和支撑全国经济快速发展做出了巨大贡献，但同时因煤而兴、因煤而困的格局也困扰着山西经济的发展。长时期、高强度、粗放型的资源开发模式，形成了资源依赖的发展惯性和思维定式；产业结构单一，三大产业发展不协调，第二产业内部结构不优，技术含量低；资源综合利用技术与意识较差，导致资源浪费，环境恶化。

老工业基地能源产业发展问题较为突出。东北老工业基地面临化石能源尤其是煤炭和石油资源枯竭，传统能源产业占比较大，化石能源开发利用面临的生态环境压力和应对气候变化的压力加大，发展不平衡、不协调的问题突出；能源系统整体效率低，体制机制不健全；低碳清洁能源供应能力不足，可再生能源发展面临诸多瓶颈。这些问题对东北老工业基地转型发展提出了挑战。山西的能源工业作为支柱性产业同样也面临着产能过剩、生态环境问题、能源效率低、机制体制陈旧等问题，尤其是煤炭产业，在 2013 年结束了中国煤炭业黄金十年后，吨煤售价大幅下降，企业利润一降再降，煤炭产量下降，大量聚集的劳动人口也面临着失业。为解决这些问题，老工业基地转型发展势在必行。

老工业基地人才外流问题突出，科技经费投入不足，劳动力结构不合理。长期以来，相比于东部发达地区，老工业基地吸引外地人才能力较弱，且自身作为人力资源输出大省，本区域的吸引力也较弱。此外，老工业基地科技研发投入不足的现象尤其明显，以研究与开发（research and development，R&D）人员折合全时当量为指标，科技人力投入情况不仅远落后于发达省份，也明显低于全国平均值，如图 1.1 所示。劳动力就业结构不合理，与全国平均值相比，以山西为例，山西老工业基地的劳动力就业结构中，第一产业和第二产业劳动力就业比例偏多，第三产业的劳动力就业比例偏低。在全国劳动力从第一产业和第二产业向第三产业转移的趋势中，山西劳动力就业结构与全国的差距有愈加扩大的迹象。虽然老工业基地近年来加大了科技创新投入力度，持续优化提升科研项目经费管理水平，科研单位和科研人员的创新创造活力得到了进一步释放。但与全国横向对比来看，科技研发经费排名仍处于落后位置。

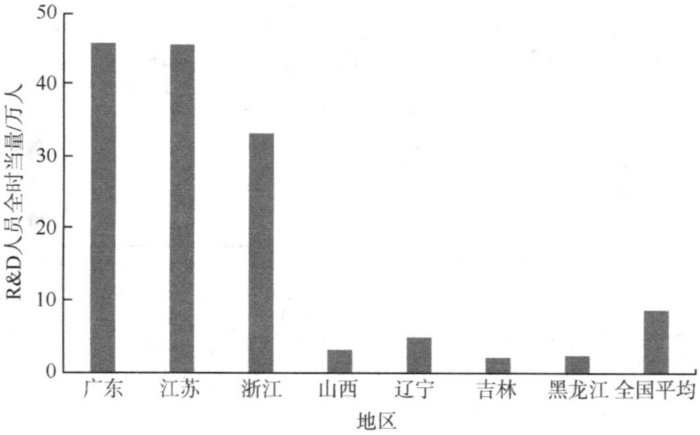

图 1.1　老工业基地规模以上工业 R&D 人员全时当量对比（2017 年）

第三节　研究思路和方法

按照找准问题、案例研究、量化分析、系统分析的研究思路，系统分析东北、山西等老工业基地的现状与存在的问题，针对老工业基地在地区转型过程中面临的人才缺乏、劳动力就业结构不合理、科技创新不足、生态文明建设滞后等问题和挑战，通过量化分析和战略研判，研究提出能源革命推动老工业基地转型发展的路径、举措和政策建议。

找准问题。通过调研对老工业基地能源、经济社会与生态环境发展现状进行梳理和数据分析，并使用指标分析方法对三者之间的关系进行研究，提出老工业基地能源发展面临的关键问题。

案例研究。借鉴国内外能源经济发展的经典案例，剖析废弃矿井资源化、能源化、功能化开发，生态保护型开发利用，传统能源与新能源互补的转型发展对老工业基地转型发展的借鉴意义。

量化分析。对老工业基地能源革命目标下的经济社会发展和生态保护进行研究分析，建立模型并进行量化研究。

系统分析。通过对老工业基地能源发展问题的剖析，提出老工业基地在国家能源革命中的战略定位和能源革命目标，以及老工业基地能源革命的内涵和实施路线。提出能源革命推动老工业基地能源转型发展的具体举措和政策建议，为推动老工业基地能源转型发展提供工程科技支撑和决策支持。

研究技术路线如图 1.2 所示。

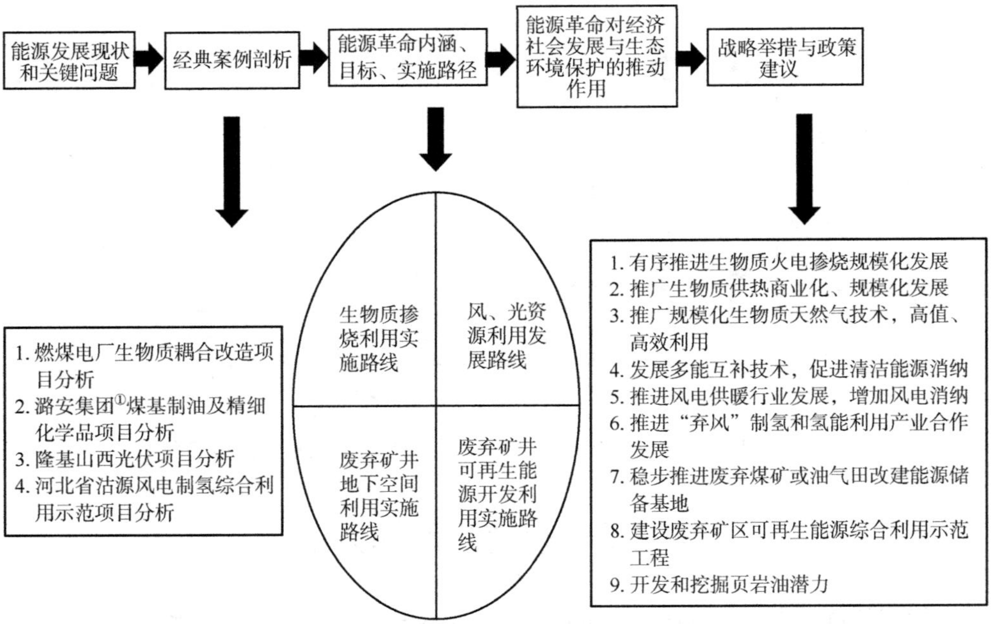

图 1.2　研究技术路线示意图

①潞安化工集团公司，以下简称潞安集团。

第二章　老工业基地能源经济社会发展现状及关键问题

第一节　老工业基地能源资源禀赋及发展基本特征

一、能源资源禀赋

（一）东北地区能源资源禀赋

东北地区能源资源禀赋呈现为两少五多，即煤炭、天然气少，石油、非常规油气、生物质、风能和太阳能资源多，见表 2.1。化石能源资源方面，东北三省煤炭基础储量 98.72 亿吨，全国占比 4%；天然气基础储量 2188.2 亿立方米，全国占比 4%；原油基础储量 74 518 万吨，全国占比 21.3%。非化石能源资源方面，吉林省油页岩已探明储量丰富，为 1086 亿吨，约占全国探明资源量的 80%以上，折合成页岩油 50 多亿吨；风能技术可开发量超过 3400 亿千瓦时/年，太阳能资源量超过 1500 亿千瓦时/年。生物质理论资源储备量为 1.88 亿吨标准煤（黑龙江正常年份农业和林业生物质可收集利用量约为 9000 万吨和 960 万吨；辽宁每年农作物秸秆实物资源量为 3195.8 万吨，其中可能源化利用的秸秆量达 1342.2 万吨，折合标准煤 688.7 万吨；吉林农作物秸秆产出量约 4500 万吨/年，可能源化利用的资源总量约 1200 万吨/年，林业剩余物资源量约 1000 万吨/年，可能源化利用的资源总量约为 400 万吨/年），若利用率达到 20%，则相当于 0.28 亿吨标准煤或 165 亿立方米天然气[13-20]。

表 2.1　东北地区能源资源储量现状

资源类型	资源基础储量/技术可开发量	占全国比例
煤炭	98.72 亿吨	4%
天然气	2 188.2 亿立方米	4%
原油	74 518 万吨	21.3%
油页岩	已探明储量为 1 086 亿吨	80%以上
风能	3 400 亿千瓦时/年	
太阳能	1 500 亿千瓦时/年	
生物质	理论资源储备量 1.88 亿吨标准煤	

（二）山西省能源资源禀赋

化石能源方面，山西省的化石能源资源以煤炭和煤层气为主。山西是中国煤炭大省，素有“煤海”之称，资源储量大、分布广、品种全、煤质优、煤层多、煤层厚、埋藏浅、易开采。全省煤炭资源主要分布于大同、宁武、河东、西山、霍西、沁水六大煤田，另外浑源、五台、垣曲、平陆、繁峙、灵丘、广灵、阳高八个煤产地也有少量分布。截至 2016 年，煤炭探明储量达 916 亿吨（图 2.1），按照 2011 年的煤炭生产量 8.3 亿吨来看，煤炭的储采比为 110.3 年。另从山西省自然资源厅获悉，2018 年山西省新发现煤炭资源 24.37 亿吨。

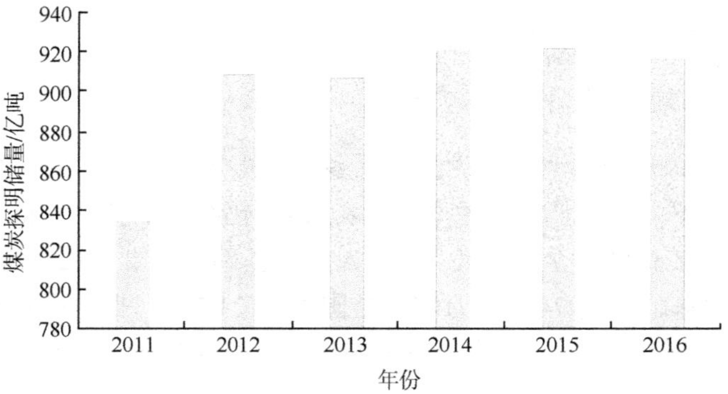

图 2.1　山西省煤炭探明储量

资料来源：《山西省煤层气资源勘查开发规划（2016—2020 年）》

山西省埋深 2000 米以浅的含气面积为 3.59 万平方千米，预测资源量约 8.31 万亿立方米，占全国的 27.7%。截至 2015 年底，全省累计探明煤层气地质储量 5784.01 亿立方米，约占全国的 88.0%。主要分布在沁水盆地和鄂尔多斯盆地东缘，其中沁水煤田 4341.18 亿立方米，河东煤田 1228.55 亿立方米，西山煤田 214.28 亿立方米[21-23]。截至 2017 年底，全省煤层气累计探明储量 6675 亿立方米。

可再生能源方面，山西省能源资源以水力能、风能和太阳能为主，除此之外，还有相当规模的生物质能和地热能资源。

据《中华人民共和国水力资源复查成果》（2004 年山西省卷）统计，山西省在复查范围内的河流共 31 条，其中黄河流域 13 条，海河流域 18 条，水能资源理论蕴藏量为 5634.8 兆瓦，其中黄河干流为 4600 兆瓦，境内其他河流为 1034.8 兆瓦。在这些水能资源中，技术可开发装机容量为 4020.4 兆瓦，年发电量 12 055 亿瓦时；经济可开发装机容量为 3973.8 兆瓦，年发电量 11 896 亿瓦时。

山西的风能资源较好，70 米高度风能资源≥200 瓦/米^2，技术开发量为 2814 万千瓦，其北部地区风能资源尤其丰富。区域分布总体上以中部断陷盆地为界，西部为管涔山、吕梁山及其周边区域，风功率密度≥300 瓦/米^2，技术开发量为 5020 兆瓦，技术开发面积为 1612 平方千米；东部为恒山、五台山、太行山、太岳山、中条山及其周边地区，风功率密度≥300 瓦/米^2，技术开发量为 7900 兆瓦，技术开发面积为 2449 平方千米。上述地区主要为高山、丘陵地形，为山西风能最好的区域，也是进行风能开发的重点地区。

山西省年平均太阳能辐射量为 1624 千瓦时/米^2，太阳能可开发资源较丰富。山西省太阳能资源由北向南逐渐降低。山西省各地级市的年平均日照时数在 2261.4～2785.1 小时。根据户用光伏网数据，山西省各地市 2017 年太阳辐射量，见表 2.2。

表 2.2　山西省各地市太阳能辐射量（2017 年）

城市	全年/（千瓦时/米^2）
太原	1397.3
大同	1480.9
朔州	1531.4
阳泉	1396.4
长治	1393.0
晋城	1398.8
忻州	1399.0
临汾	1363.3
运城	1242.1
吕梁	1356.5

除此之外，山西省也有相当规模的生物质能（秸秆、垃圾）和地热能资源，秸秆能源化利用年可获得量为 500 万吨左右，垃圾资源量达 8500 吨/日，生物质能资源比较丰富；地热可开采资源总量为 1.41×10^{20} 焦，折合标准煤 3.9×10^{9} 吨，位居全国第 15 位（表 2.3）。

表 2.3　山西省主要可再生能源的资源储量

分类	资源储量	
太阳能	年均辐射量在 1624 千瓦时/米^2	
秸秆能源	500 万吨/年	
垃圾资源	8500 吨/日	
地热资源	1.41×10^{20} 焦	
风能	70 米高度处的年平均风速在 7.5 米/秒以上	浑源县东南部山区、广灵县与灵丘县交界处、天镇县与河北省的交界处、繁峙县与五台县交界处、代县与五台县交界处、代县与山阴县交界处、原平市西北部、宁武县盘道梁附近、神池县与宁武县交界处、五寨县东南部等区域

续表

分类	资源储量	
风能	70 米高度处的年平均风速在 7.0 米/秒以上	朔城区的利民镇，平鲁区的下木角乡、白堂乡，山阴县下喇叭乡、马营乡、玉井镇，应县白马石乡，右玉县的牛心堡乡等区域

资料来源：《山西省“十三五”新能源产业发展规划》

二、能源供需现状分析

从全国能源供需现状来看，2017 年全国能源自给率由 2016 年的 77.8%增加到了 80%（图 2.2）。2017 年能源消费总量 44.9 亿吨标准煤，比上年增长 2.9%，其中煤炭消费量增长 0.4%，原油消费量增长 5.2%，天然气消费量增长 14.8%，电力消费量增长 6.6%。煤炭消费量占能源消费总量的 60.4%，比上年下降 1.6 个百分点；天然气、水电、核电、风电等清洁能源消费量占能源消费总量的 20.8%，比上年上升 1.3 个百分点[23]。

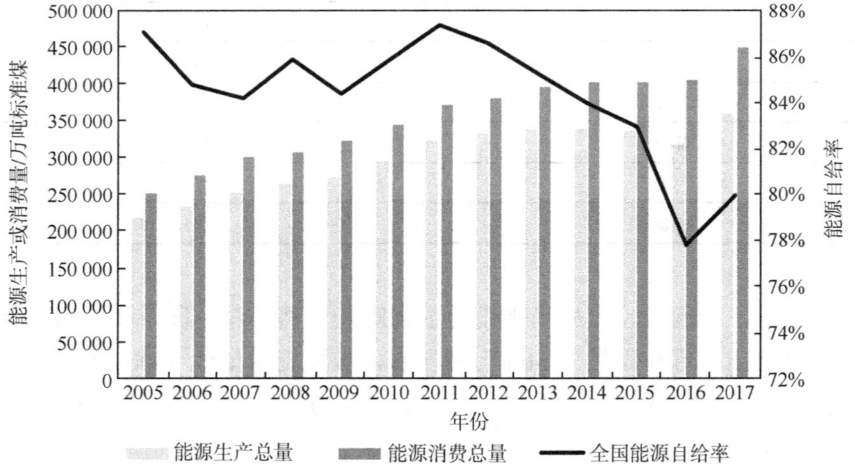

图 2.2 全国能源供需现状（2005～2017 年）

（一）东北地区能源供需分析

东北地区能源总体供不应求，能源自给率低于全国平均水平（图 2.3）。2005～2017 年，东北地区能源自给率逐年下滑，累计下降 50%左右，东北地区能源自给率与全国平均水平差距越来越大。2017 年东北地区能源生产总量为 1.72 亿吨标准煤，能源消费总量为 4.08 亿吨标准煤，能源自给率为 42%，低于全国平均水平。分能源结构来看，东北三省能源生产以煤炭和石油为主，能源消费结构以煤炭为主。2017 年，原煤生产量 7542 万吨标准煤，消费量为 25 824 万吨标准煤，煤炭自给率为 29.2%；石油生产量 6970 万吨标准煤，消费量为 10 499 万吨标准煤，石油自给率为 66.4%；天然气生产量 857 万吨标准煤，消费量为 1698 万吨标准煤，天然气自给率为 50.5%；非化石能源生产量为 1924 万吨标准煤，非化石能源消费总量为 2781 万吨标准煤，自给率为 69.2%[24]。

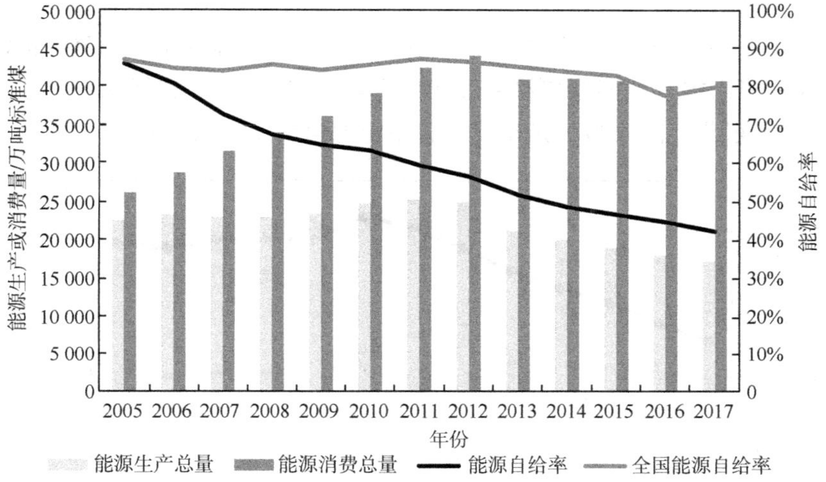

图 2.3 东北地区能源供需现状

东北地区化石能源缺口严重，成品油产量富余。2016 年，东北地区煤炭缺口 28 650 万吨，石油缺口 2046.86 万吨，天然气缺口 44.87 亿立方米，电力缺口 188.64 亿千瓦时，原油短缺而成品油富余，原油自给率 51%，成品油自给率 133%，见表 2.4。

表 2.4 2016 年各能源品种生产消费情况

项目类别	煤炭/万吨	石油/万吨	天然气/亿米 ^{3}	电力/亿千瓦时
生产量	11 744	5 284.01	63.36	3 458.60
消费量	40 394	7 330.87	108.23	3 647.24
调入量	28 650	2 046.86	44.87	188.64
自给率	29.1%	72.1%	58.5%	94.8%

黑龙江、吉林窝电现象明显，东北弃风率高。2016 年，吉林、黑龙江、辽宁和内蒙古弃风率分别为 30%、19%、13%和 21%。2017 年东北地区弃风率较 2016 年有所下降，吉林、黑龙江、辽宁和内蒙古弃风率分别为 21%、14%、8%和 15%。

东北老工业基地分区域能源供需来看，东北老工业基地能源消费依赖于其他区域的调入，辽宁省尤为严重。化石能源消费占比高于全国平均水平，其中，黑龙江煤炭消费比例明显高于全国平均水平，黑龙江与辽宁石油消费比例明显高于全国平均水平，三省非化石能源消费比例低于全国平均水平。而蒙东地区为主要煤炭基地，能源外送消纳占比大。

1. 辽宁省能源供需分析

从 2005 年至 2017 年统计数据看（图 2.4），辽宁省能源生产总量不能满足该省的能源消费需求，且能源自给率逐年降低。2017 年辽宁省能源自给率降低到 21.6%，低于东北地区 42%，是东北三省中能源自给率最低的省份。

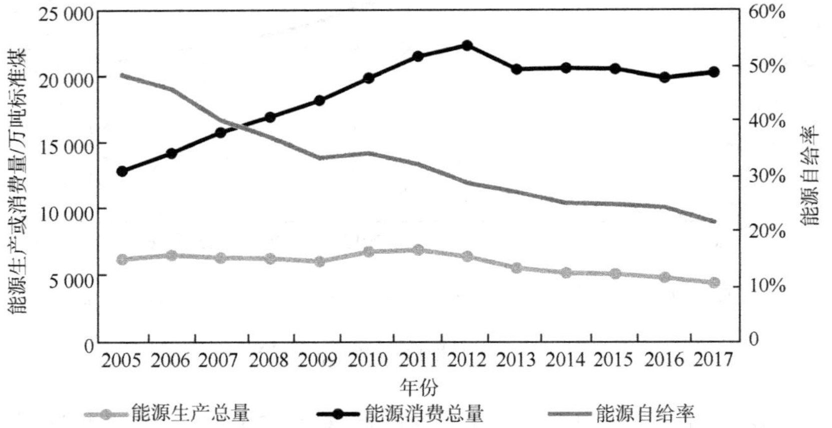

图 2.4 辽宁省能源供需情况

从能源消费结构来看，辽宁省能源消费以煤炭和石油为主，2017 年分别占能源消费总量的 58.6%和 32.4%，天然气和电力的消费占比很小，分别占能源消费总量的 4.1%和 2.6%。与 2012 年相比，2017 年辽宁省的煤炭消费量占比下降 1%，电力消费占比上升。

2. 吉林省能源供需分析

从 2005 年至 2017 年统计数据看（图 2.5），吉林省能源生产总量远不能满足该省的能源消费需求，且能源自给率呈现下降趋势（2012 年数据出现拐点可能是全国第三次经济普查口径做了调整），2017 年能源自给率降低到了 31.8%。

从能源消费结构来看，吉林省能源消费以煤炭为主，但煤炭消费占比也呈现下降趋势，2012 年煤炭消费占比为 76.5%，2017 年占能源消费总量的 65.8%；石油占比位居第二，2017 年占比 18.8%；天然气和一次电力①的占比呈现上升趋势，2017 年分别占能源消费总量的 4.1%和 6%。与 2012 年相比，吉林省 2017 年煤炭消费占

①一次电力指计入一次能源的电力，即核电、水电、风电及太阳能发电所发出的电力。

比下降10%，石油、天然气和一次电力消费占比下降，分别下降2%、1%和4%。

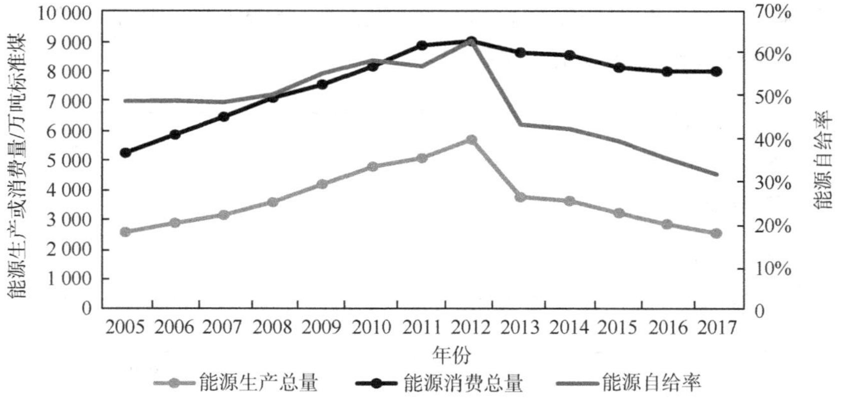

图 2.5　吉林省能源供需情况

3. 黑龙江省能源供需分析

从2005年至2017年统计数据看（图2.6），2014年之前黑龙江省能源生产总量高于能源消费总量，2014年之后能源自给率呈现下降趋势，2017年，黑龙江省能源自给率为82%，是东北三省中能源自给率最高的省份，且自给率高于全国平均值。

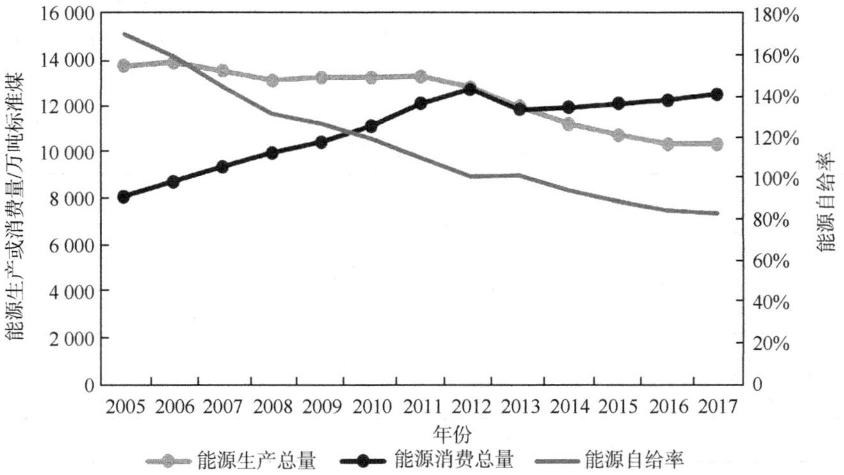

图 2.6　黑龙江省能源供需情况

从能源消费结构来看，黑龙江省能源消费以煤为主。2017年煤炭占能源消费总量的69.3%，原油消费量次之，占比为22%；天然气和一次电力的消费占比很小，分别占能源消费总量的4%和3%。对比2012年和2017年黑龙江省能源消费结构发现，天然气和一次电力的占比有所增长。

4. 蒙东地区能源供需分析

蒙东地区一次能源消费以煤炭为主（图 2.7），能源消费量远低于产量，是典型的能源输出地区，向外输出大量煤炭。

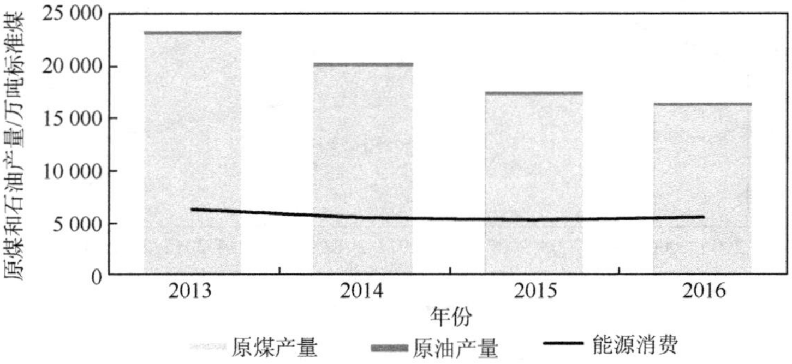

图 2.7　蒙东地区能源消费及原煤、原油生产情况

（二）山西省能源供需分析

山西省 2005～2017 年一次能源产量中原煤占据 97.5%以上，水电和风电占比逐年提升（表 2.5），2017 年达到 1.23%（算上太阳能、生物质能、煤层气和地热能，非化石能源占一次能源消费比重仅为 3.05%，全国为 12%）。2017 年加工转换能源占一次能源产量的比例为 75.78%，其中清洁煤和其他洗煤占比超过 50%。

表 2.5　山西省一次能源产量及构成

年份	一次能源产量/万吨标准煤	原煤	水电和风电	加工转换能源占一次能源产量	火电	清洁煤及其他洗煤	焦炭
2013	68 925.26	98.95%	0.45%	70.36%	11.44%	46.13%	12.79%
2014	68 426.78	98.83%	0.52%	71.69%	11.54%	47.71%	12.44%
2015	72 488.91	98.76%	0.60%	64.86%	9.95%	44.14%	10.77%
2016	63 030.18	98.21%	0.99%	74.80%	11.36%	50.82%	12.62%
2017	65 901.20	97.94%	1.23%	75.78%	11.72%	51.70%	12.36%

山西省自 2010 年以来能源消费总量总体呈上升趋势，且 2015～2017 年增长率呈明显上升趋势（图 2.8）。

从 2005 年至 2017 年统计数据看（图 2.9），山西地区能源生产总量可以满足该省的能源消费需求。2017 年，山西省能源生产总量为 8.7 亿吨标准煤，能源消费总量为 3.5 亿吨标准煤，供给可以满足需求，并且存在 5.2 亿吨标准煤的调出量。2011～2017 年煤炭调出量稳居 5 亿吨/年以上，山西省内煤炭消费量近年来稳定在

3 亿吨/年左右（图 2.10）。

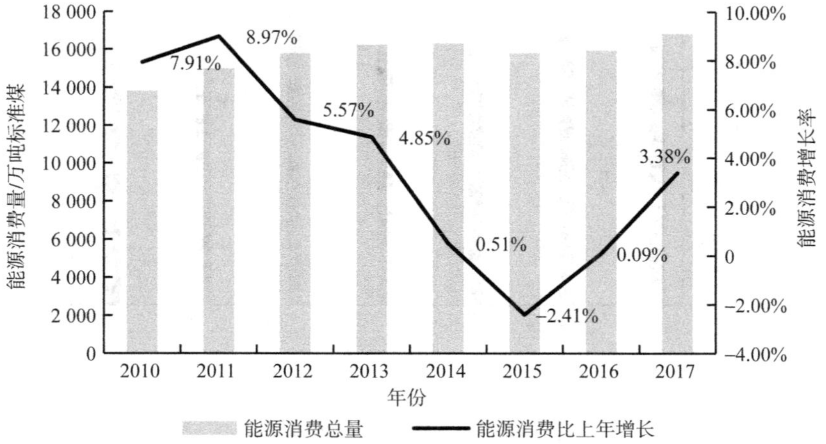

图 2.8 山西省能源消费趋势

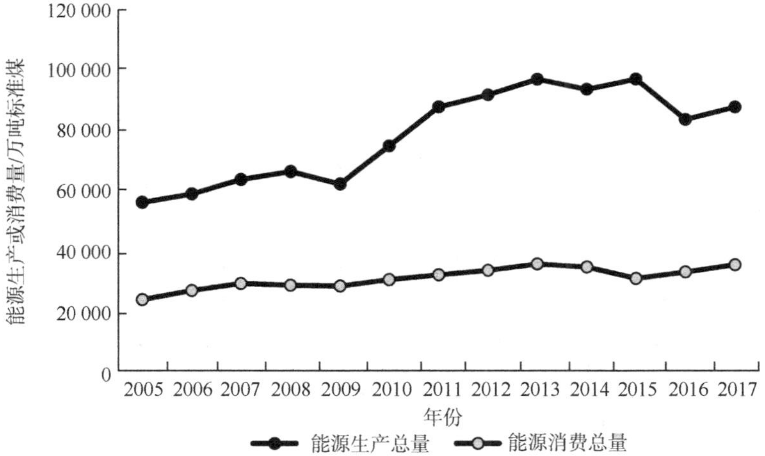

图 2.9 山西省能源供需情况（2005～2017 年）

从能源消费结构来看，山西省能源消费占比：电力＞原煤＞天然气煤气及其他＞焦炭＞石油制品＞清洁煤及其他洗煤（图 2.11）。例如，2017 年，山西省能源消耗 16 836.79 万吨标准煤，其中原煤消费 4281.02 万吨标准煤，占 25.43%；清洁煤及其他洗煤消费 362.36 万吨标准煤，占 2.15%；电力消费 5788.91 万吨标准煤，占 34.38%；焦炭消费 1902.72 万吨标准煤，占 11.30%；石油制品消费 1285.7 万吨标准煤，占 7.64%；天然气煤气及其他消费 3216.08 万吨标准煤，占 19.10%。

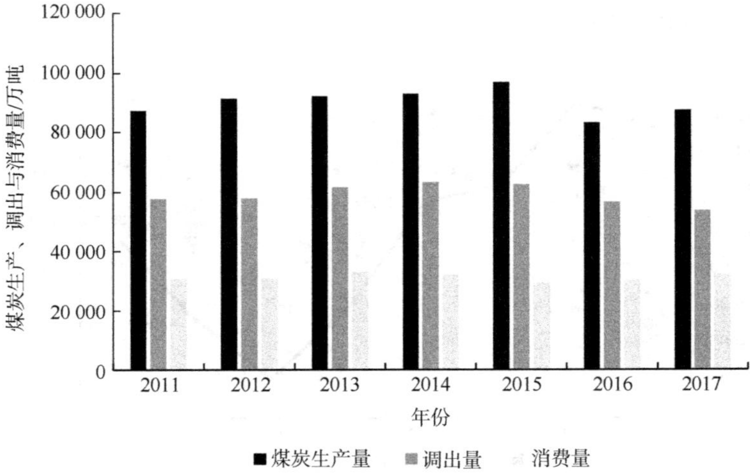

图 2.10　山西省煤炭供需现状

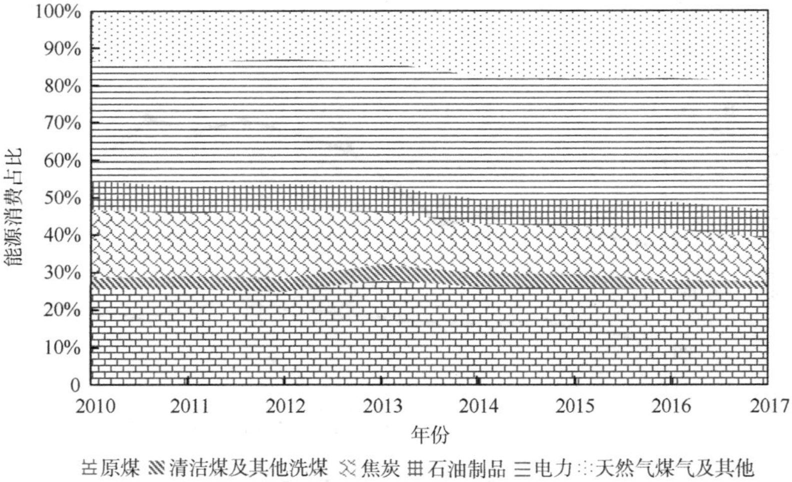

图 2.11　山西省能源消费结构

煤炭在能源消费总量中依然占据主体地位，其中发电和炼焦的煤炭消费量占主要比重。2017 年，发电占全省煤炭消费量 37.6%，炼焦占全省煤炭消费量 34.7%（图 2.12）。

2010 年以来，山西省煤炭外调量占比维持在 50%以上（图 2.13）；焦炭外调量持续增加，2017 年占比 73%（图 2.14）；“晋电外送”量占比约 30%（图 2.15）。2018 年山西省外送电量 927.1 亿千瓦时，同比增长 19.6%。在“晋电送苏”“晋电送浙”战略背景下，未来晋电外送量将持续上升。

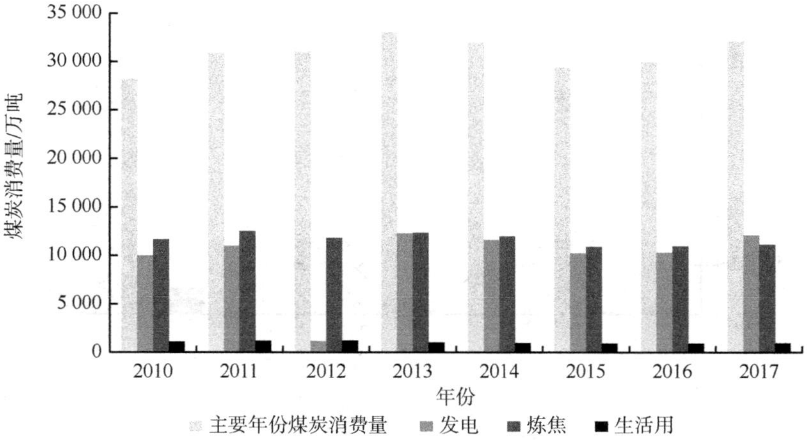

图 2.12 山西省煤炭消费量及结构

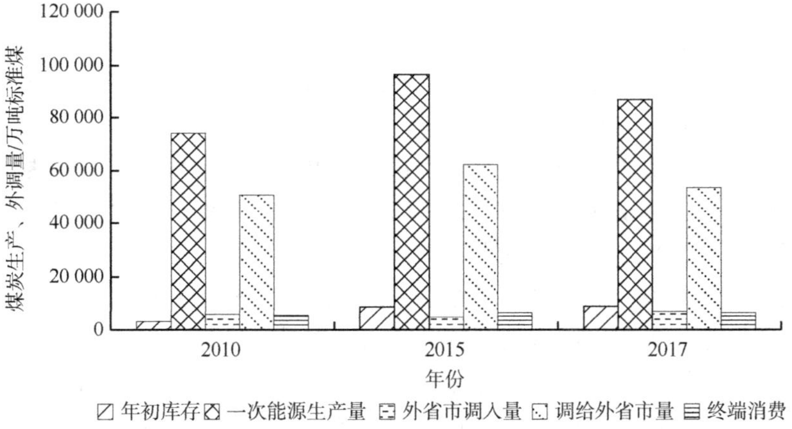

图 2.13 山西省煤炭生产、外调量

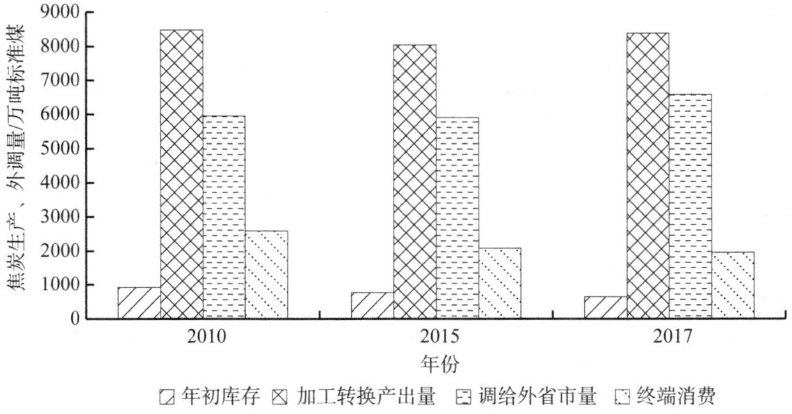

图 2.14 山西省焦炭生产、外调量

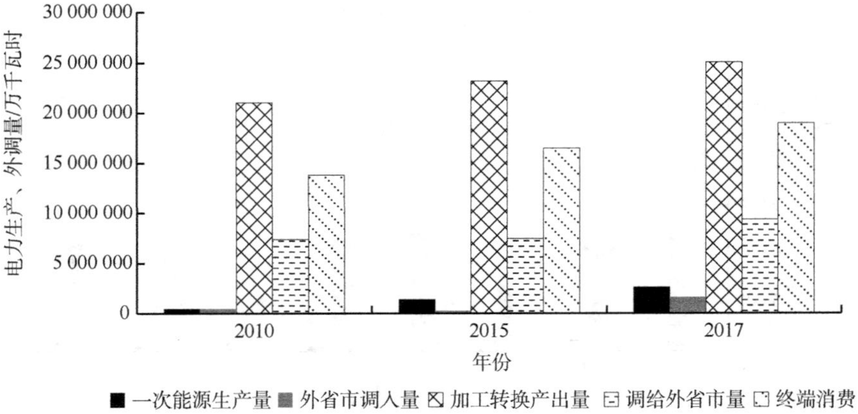

图 2.15　山西省电力生产、外调量

可再生能源方面，2015 年底，山西省发电总装机 6966 万千瓦，新能源发电装机 1449 万千瓦，其中，风力发电 669 万千瓦，太阳能发电 113 万千瓦，生物质能发电（含垃圾发电）35 万千瓦，水力发电 244 万千瓦，燃气发电 388 万千瓦，新能源发电占全省电力总装机的 20.8%。

风电方面，山西省启动了北部三市晋北风电基地建设和南部低风速开发，实现了规模化开发，占新能源总装机容量的 46%。光电方面，山西省实现了零的突破并迅速增长，装机容量占新能源总装机容量 8%，有序推进了集中式地面电站和分布式电站的建设，并通过市场竞争方式，选择优质企业启动了大同市沉陷区光伏领跑者基地。煤层气综合利用方面，山西省具有全国三分之一煤层气资源，坚持高效安全利用原则，推进煤层气发电和民用，气化人口 1200 万。地热能开发利用方面，推进利用中深层地热能向太原经济技术开发区等区域冬季供热，实现了零的突破。同时，积极开发利用浅层地温能，在太原、大同、朔州、忻州、晋中、临汾、运城和长治等市的应用面积约为 360 万平方米（表 2.6）。

表 2.6　“十二五”期末山西省新能源发展指标

序号	指标名称	单位	2015 年
1	新能源装机总量	万千瓦	1449
	占全省总装机的比例		20.8%
2	非化石能源消费占一次能源消费比重		3.05%
3	非水可再生能源消费占全社会用电量比重		7.27%
4	风电装机容量	万千瓦	669
5	太阳能发电装机容量	万千瓦	113
6	生物质能发电（含垃圾发电）	万千瓦	35

续表

序号	指标名称	单位	2015 年
7	水力发电（含农村水电）	万千瓦	244
8	燃气发电	万千瓦	388
9	浅层地温能供暖制冷面积	万平方米	360
10	新能源产业总产值	亿元	450
	新能源产业增加值占全省地区生产总值总量的比重		1.7%

从能源消费结构来看（图 2.16），山西省能源消费以煤炭为主，2017 年占能源消费总量 86.42%，电力消费居第二，占比为 6.57%。原油消费和天然气消费分别占能源消费量的 4.14%和 2.87%。与 2012 年相比，山西省 2017 年煤炭消费占比下降 2.12 个百分点，电力、天然气和原油消费占比上升，分别上升 0.39 个百分点、1.45 个百分点和 0.28 个百分点。

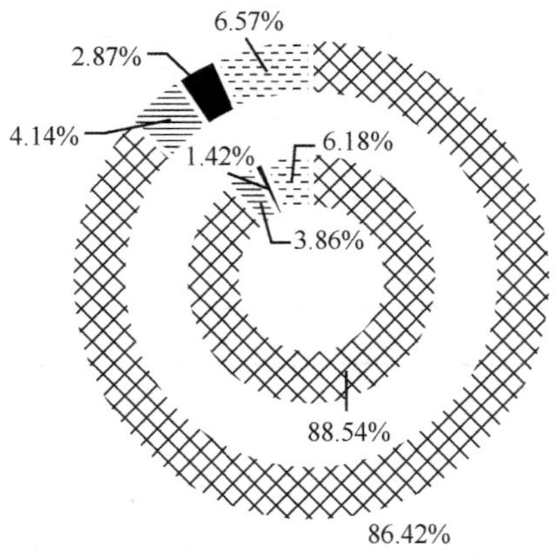

图 2.16 山西省能源消费结构（2012 年和 2017 年）

外圈为 2017 年，内圈为 2012 年

从电力供需来看，2013～2016 年山西省电力生产量稳定在 2500 亿千瓦时/年左右，用电量稳定在 1700 亿千瓦时/年左右（图 2.17）。

就电力生产结构来看，山西以燃煤火电为主，火力发电量占全部发电量的比例常年稳居在 90%以上，水电、风电、光伏发电等可再生能源电力占比较低，尚未突破 10%（表 2.7）。

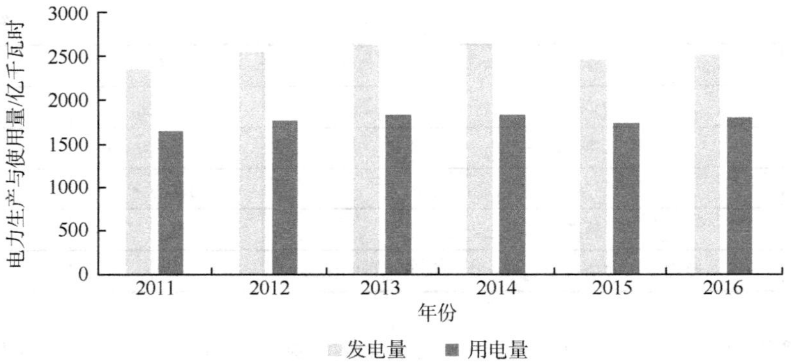

图 2.17 山西省电力供需现状

表 2.7 山西省电力生产结构

年份	火电		风电		水电		光伏发电	
	发电量/亿千瓦时	比例	发电量/亿千瓦时	比例	发电量/亿千瓦时	比例	发电量/亿千瓦时	比例
2011	2296.00	97.95%	13.00	0.55%	35.00	1.49%	0.01	0
2012	2454.00	96.84%	36.00	1.42%	44.00	1.74%	0.20	0
2013	2527.00	96.25%	58.00	2.21%	40.00	1.52%	0.50	0.02%
2014	2530.00	95.72%	76.00	2.88%	34.00	1.29%	3.20	0.12%
2015	2319.00	94.36%	100.00	4.07%	31.00	1.26%	7.70	0.31%
2016	2309.00	91.99%	135.00	5.38%	39.00	1.55%	27.00	1.08%

注：由于修约，本表比例加总可能不为 1

从 2018 年前三个季度来看，全省发电总装机容量为 8473.52 万千瓦，其中火电装机 6468.83 万千瓦，水电装机 222.75 万千瓦，风电装机 978 万千瓦，太阳能装机 803.94 万千瓦；全省净输出电量累计 680.31 亿千瓦时，同比增长 21.85%；省内主力火电企业电煤购进量合计 8169.12 万吨，同比增加 1064.06 万吨；省调 20 万千瓦及以上主力火电企业供电煤耗为 327 克/千瓦时，同比降低 1 克/千瓦时；厂用电率为 7.95%，同比降低 0.02 个百分点。

第二节 老工业基地经济社会、生态环境基本特征

一、经济社会基本特征

东北老工业基地和山西老工业基地在过去为我国工业发展做出了巨大贡献，其经济体量在我国经济总量中的占比正逐步下降（图 2.18），从“十二五”开始，东北和山西的地区生产总值在全国国内生产总值（gross domestic product，GDP）

中的占比开始出现了逐步的下降，其中东北老工业基地地区生产总值比重下降明显，从 2011 年的 9.5%下降到了 2017 年的 6.5%。由此可见，东北老工业基地和山西老工业基地的经济社会发展具备不同的特征。

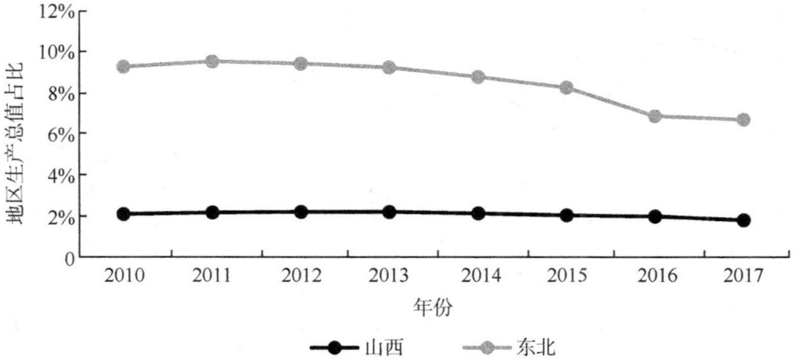

图 2.18　老工业基地地区生产总值占比的变化趋势

（一）东北老工业基地经济社会基本特征

经济下行压力大，增长动力不足。东北老工业基地作为“共和国长子”，在国民经济中的地位举足轻重。2014 年以来，东北三省经济增速大幅回落，经济增长排名全国垫底，尤其是辽宁省出现了“断崖式”下滑。2014～2016 年，全国的经济增长率分别为 7.3%、6.9%、6.7%；辽宁省分别为 5.8%、3%、–2.5%，分别低于全国 1.5、3.9、9.2 个百分点；吉林省分别为 6.5%、6.3%、6.9%，分别低于全国 0.8、0.6、–0.2 个百分点；黑龙江省分别为 5.6%、5.7%、6.1%，分别低于全国 1.7、1.2、0.6 个百分点。除了 2016 年吉林省比全国高 0.2 个百分点之外，东北三省在 2014 年之后经济增速全部低于全国。根据 2017 年上半年的最新数据，辽宁省经济增长 2.1%、黑龙江省经济增长 6.3%、吉林省经济增长 6.5%，分别位居全国倒数第 1、倒数第 3、倒数第 4。

结构性矛盾突出。东北增速大幅下滑又主要表现在第二产业尤其是工业上。2014～2016 年第二产业经济增长全国的情况分别为 7.4%、6.2%、6.1%。辽宁地区连续多年低于全国平均水平，2015 年开始辽宁省经济出现负增长，2016 年地区生产总值增速跌至–2.5%（图 2.19）。

随着我国经济进入新常态，传统产业的市场需求已发生深刻变化。而东北老工业基地高耗能的第二产业所占比例高，2016 年辽宁省三大产业结构为 9.8∶38.7∶51.5，吉林省三大产业结构为 10.1∶48∶41.9，黑龙江省三大产业结构为 17.4∶28.6∶54（图 2.20）。钢铁、煤炭、油气、化工、建材等行业面临较大过剩压力，需要加大供给侧结构性改革力度，化解过剩产能、清理“僵尸企业”、加大

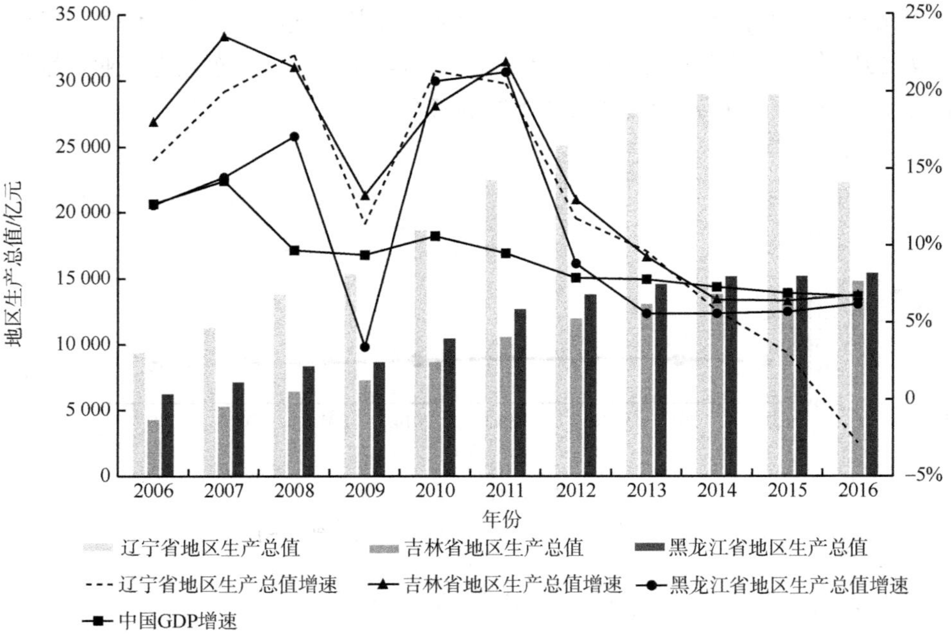

图 2.19　东北三省地区生产总值及增速与全国的比较

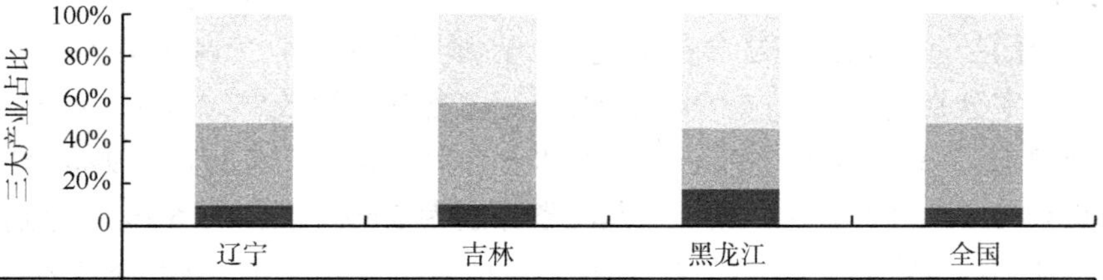

	辽宁	吉林	黑龙江	全国
第三产业	51.5%	41.9%	54%	51.6%
第二产业	38.7%	48%	28.6%	39.8%
第一产业	9.8%	10.1%	17.4%	8.6%

地区

图 2.20　2016 年东北三省产业结构与全国对比

资产重组力度，推动传统产业转型升级，改变相对单一化的经济结构。结构性矛盾问题突出的典型地区是鸡西市，其煤炭采掘和洗选业产值占工业总产值的比重高达 52.1%，税收占全市税收比重达 31%。在此结构下，传统能源产业萎缩将对整个社会经济的发展造成放大的效应。

（二）山西老工业基地经济社会基本特征

经济趋于回升，但后劲不足。山西省作为全国重要的“能源保障基地”，在国民经济中的地位举足轻重。2010～2015 年，山西省经济增速大幅回落，且 2014

年山西经济增速低于全国水平，经济增长全国排名垫底。2015～2016 年山西经济增速趋于回升，但仍低于全国水平，2015 年和 2016 年连续两年位列全国倒数第二。直到 2017 年山西经济由“疲”转“兴”，同比增长 7.1%，且高于全国 0.1 个百分点（图 2.21）。

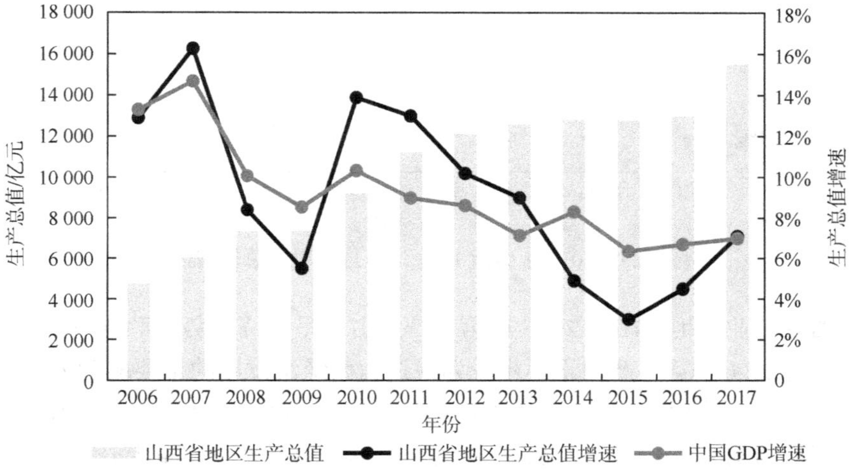

图 2.21 山西省地区生产总值及增速与全国的比较

山西省内地市发展水平整体偏低，且相差悬殊。2017 年有 6 个地市的地区生产总值增速没有达到全省平均水平，占比超过一半，其中临汾的地区生产总值增速最低。省内地区生产总值增速有高有低，导致各地市发展不平衡问题凸显，区域发展悬殊，均衡性有待提高（图 2.22 和图 2.23）。

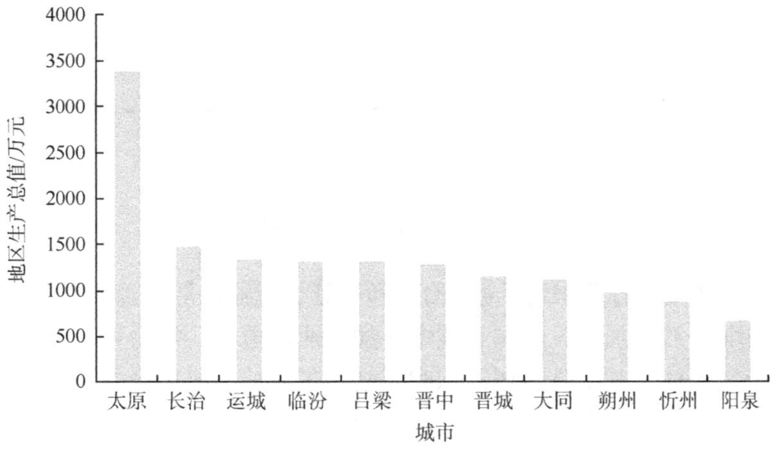

图 2.22 2017 年山西 11 个地市地区生产总值

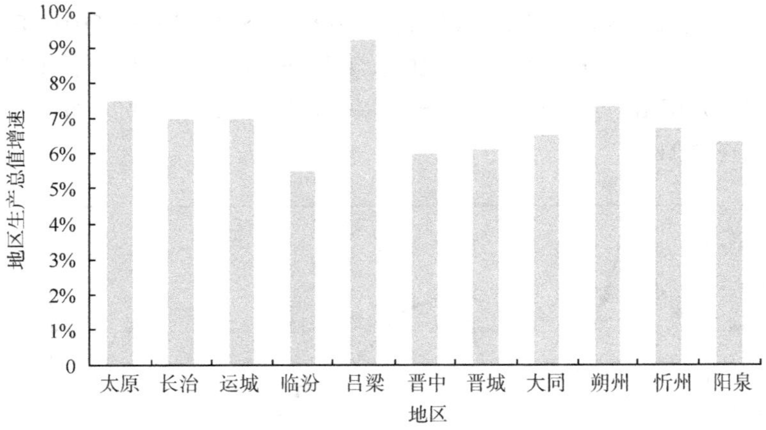

图 2.23　2017 年山西 11 个地市地区生产总值增速

山西老工业基地 2011～2016 年第二产业占比呈下降趋势，第三产业占比呈上升趋势（图 2.24）。第三产业正逐步成为促进山西经济发展的重要驱动力，但与理论上成熟的产业结构相比，山西省的产业结构模式仍然需要优化。在 2017 年山西省三大产业结构为 4.6∶43.7∶51.7，相比 2016 年，第二产业比重上升 5 个百分点，第三产业比重下降 4 个百分点。

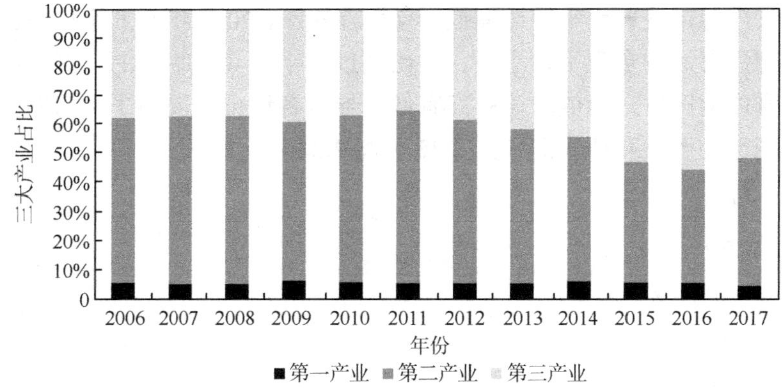

图 2.24　山西省产业结构

此外，2017 年分行业来看，金属冶炼和压延加工业的能源消费总量占比最大；煤炭消费方面，石油加工、炼焦和核燃料加工业，电力、热力生产和供应业是煤炭消费的两大主体，其次是金属冶炼和压延加工业；焦炭消费方面，几乎主要用于非金属矿物制品业（表 2.8）。

表 2.8 2017 年山西省分行业能源消费总量

类别	分行业能源消费量/万吨标准煤	煤炭/万吨	电力/亿千瓦时	焦炭/万吨	汽油/万吨	柴油/万吨
煤炭开采与洗选业	3 973.52	1 997.82	258.81			
石油加工、炼焦和核燃料加工业	1 340.79	10 046.93	55.79			
化工原料和化工制品制造业	2 048.88	1 664.29	171.92			
金属冶炼和压延加工业（黑色+有色）	5 202.32	4 181.15	397.6			
非金属矿物制品业	1 052.01	926.73	74.25	1 895.45		
电力、热力生产和供应业	1 273.52	11 418.35	405.13			
交通运输、仓储和邮政业	1 171.71	75.38	66.76			
人民生活及其他	2 221.76	1 218.8	272.86			

二、生态环境基本特征

（一）东北老工业基地生态环境基本特征

大气、土壤、水体污染问题不容忽视。粗放式的发展方式产生了较高的污染物排放。2017 年，东北地区排放的废水、废水中石油类排放、二氧化硫、氮氧化物、烟（粉）尘分别占全国总排放量的 7.1%、15.5%、9.7%、10.1%和 14.5%，均高于东北地区的地区生产总值在全国 GDP 的占比（6.5%），表明东北地区相关污染物的排放强度高于全国平均水平，并且废水中的石油类排放和大气污染物中的烟（粉）尘排放问题十分突出，大气、土壤、水体污染问题随之而来（图 2.25）。东北地区大气污染已由煤烟型污染转变为复合型污染，区域性、季节性大气环境问题突出，大气污染防治工作任重道远，以 2017 年黑龙江省为例，在非采暖期（4～10 月）平均达标天数比例为 96.8%，而在采暖期（1、2、3、11、12 月）平均达标天数的比例则降至 80.5%；土壤污染防治工作滞后，珍贵的黑土资源被严重侵蚀，化肥和农药污染防治仍需加强，且部分地区存在耕地的过度开发；饮用水安全、劣Ⅴ类水体和城市黑臭水体治理任务艰巨，松辽流域水质污染严重，城市河段尤其突出，松花江、辽河的干支流和部分湖泊水库污染严重，影响到城市居民集中饮用水源质量。其中辽宁省水污染问题较为严重的地区，2016～2017 年劣Ⅴ类水占比呈增加趋势，2017 年劣Ⅴ类水占比增至 24.4%；吉林省和黑龙江省劣Ⅴ类水占比分别为 15.3%和 3.7%。

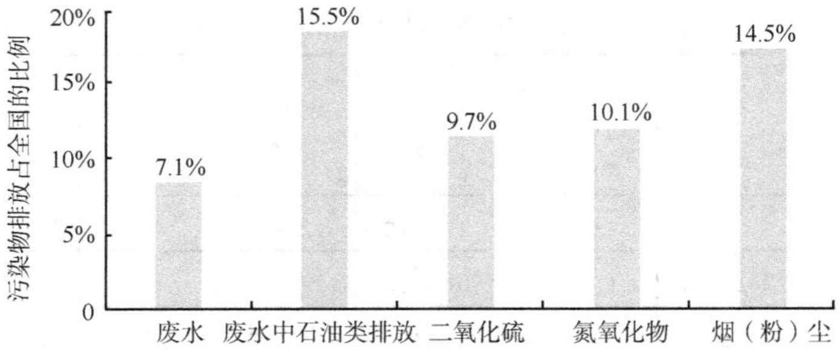

图 2.25　东北老工业基地相关污染物排放占全国的比例（2017 年）

结构性污染特征明显。老工业基地长期以来的高污染、高消耗、低附加值的产业结构不能在短时期内得到根本扭转，清洁能源使用率低，化石能源消费占比仍然较高，使得资源环境代价短期内居高难下（图 2.26）。以黑龙江省为例，2017 年化石能源消费占比高达 93%。

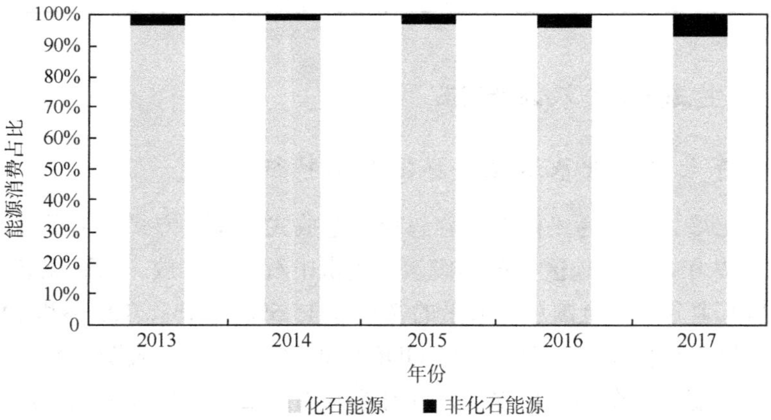

图 2.26　黑龙江省能源消费结构（2013～2017 年）

资源型城市生态环境保护和修复压力大。煤城、油城等资源型城市由于不合理的开采方式和治理滞后，遗留的矿山、矿坑等生态破坏和土地酸化等环境污染问题突出，并有逐年加剧的趋势。以抚顺为例，全市矿山地质灾害及灾害影响区面积 57.8 平方千米，占城市建成区的比重高达 42.5%，且由于抚顺煤矿长期采用冒落法大面积开采煤炭资源，已形成一个面积高达 18.41 平方千米的沉陷区。中国工程院重大咨询项目《东北地区有关水土资源配置、生态与环境保护和可持续发展的若干战略问题研究》报告显示，我国东北地区的生态环境状况已到达临界状态，如不及时“刹车”，将严重影响其可持续发展。东北地区应当在加强地质勘探、提高资源保障程度的同时，进一步促进城镇化健康发展，合理解决城市的水源危机和煤矿城市的地质灾害。

（二）山西老工业基地生态环境基本特征

2017 年山西工业企业二氧化硫排放 25 万吨、二氧化氮排放 29 万吨，与 2016 年相比下降明显（图 2.27）。同时，山西省“三废”（废气、废水、废渣）治理资金投入显著增长，尤其是废气治理，突出了山西致力于“打赢蓝天保卫战”的决心，但空气质量形势仍然严峻（图 2.28）。近年来，山西省空气质量没有明显好转，空气质量达标天数和重污染天数都呈波动变化趋势，2017 年空气质量达标 200 天，空气重污染 13 天（图 2.29）[25, 26]。

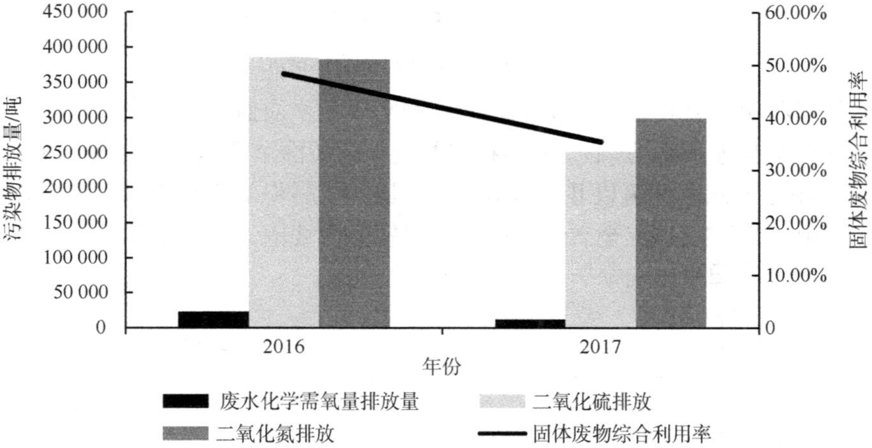

图 2.27　山西省工业企业“三废”排放情况

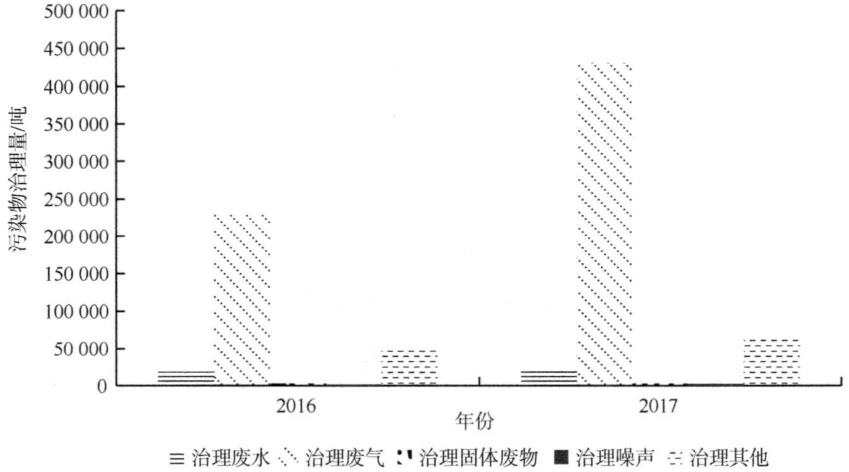

图 2.28　山西省工业企业“三废”治理情况

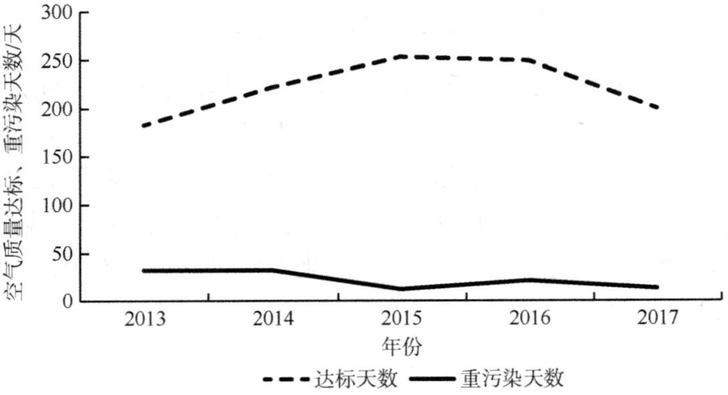

图 2.29　山西省空气质量达标情况

水环境状况呈好转趋势。从 100 个监测断面的水质监测结果来看，Ⅰ～Ⅲ类水的断面个数呈增加趋势，Ⅳ、Ⅴ类和劣Ⅴ类水的断面个数呈减少趋势（图 2.30）。2017 年，山西省水质环境以Ⅱ类水为主，占比 38%，但Ⅴ类和劣Ⅴ类水面积占比也高达 30%（图 2.31）。全省水环境状况好转的主要因素在于近年来工业废水排放量呈稳定下降趋势，降幅明显（图 2.32）。

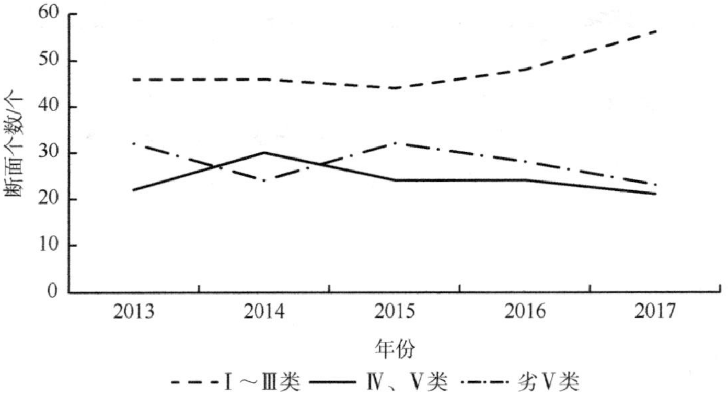

图 2.30　山西省水质监测断面的水质监测结果

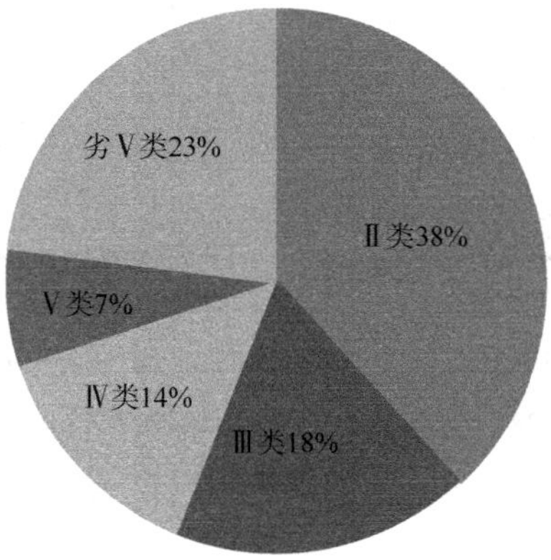

图 2.31　山西省水环境状况（2017 年）

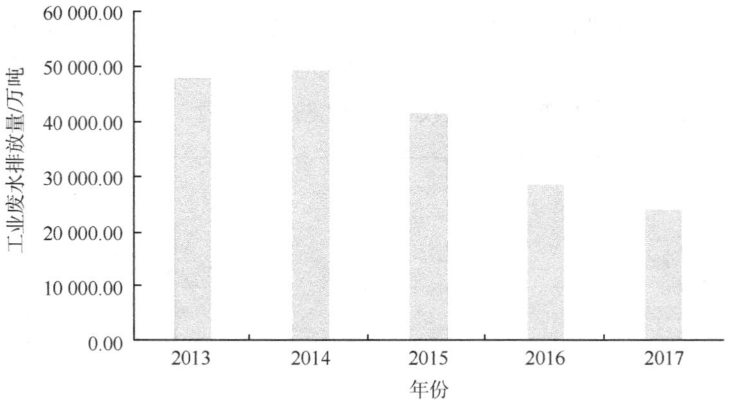

图 2.32　山西省工业废水排放情况

第三节　老工业基地能源发展与经济社会、生态环境之间的关系

能源与经济社会、生态环境协调发展始终是世界面临的一个重大议题。能源是人类生存和发展的重要的物质基础，是推动经济发展的动力和保障，能源开发利用带来的环境问题已经成为世界性问题。其中，能源消费促进经济增长，经济增长又为能源利用效率的提高和能源消费结构的优化创造条件；同时，在能源开发和消费过程中所产生的环境问题也成为制约经济增长的重要因素。

能源作为人类社会、国民经济发展的动力，能够推动经济社会发展和生态环境保护，优化能源结构，实现能源战略转型，可进一步服务社会经济发展，保证良好的生态环境，推动生态文明建设。

一、老工业基地经济发展对能源资源产业依赖过重

东北老工业基地经济发展比较依赖能源资源型产业，近年来，随着相关能源资源的枯竭，与之相关的资源型产业出现萎缩，不利于经济社会乃至生态环境可持续发展。自 2014 年起，东北地区经济增速持续下滑，经济发展面临较大困境，特别是能源行业产量和销量均出现了明显滑坡。随着新一轮振兴东北老工业基地战略的实施，东北经济发展将在变革中平稳提速，东北地区能源消费结构也将面临较大调整。

矿产资源密集型产业集群的衰退降低了东北老工业基地的经济利润，迫切要求该地区的产业转型升级和接续产业的发展（图 2.33）。以吉林省为例，2015 年比 2011 年的煤炭开采和洗选业、石油和天然气开采业等矿产资源密集型产业的产值在工业总产值中的比重依次下降了 1.26%和 0.81%。东北地区生产总值中，能源生产行业和能源密集型行业所占比例大，化石能源消费比例高。随着煤炭、石油等能源资源的日渐枯竭，需要新的经济增长点。以鸡西煤炭为例，2013 年全市

煤炭采掘和洗选业实现产值 169.1 亿元，占工业总产值比重 52.1%，煤炭行业实现税收 14 亿元，占全市税收比重 31%；2015 年煤炭产量比 2014 年下降 12.8%，产值下降 33.5%，整个煤炭行业税收下降 52.8%[①]。

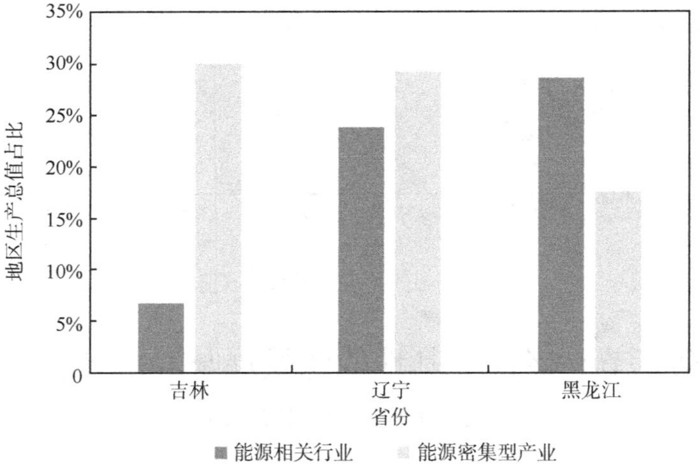

图 2.33　2016 年能源相关行业及能源密集型产业地区生产总值占比

山西省煤炭产业锁定效应强，煤炭开采洗选业的增加值占全省工业增加值的比重常年稳居在 50%左右（图 2.34），导致非煤产业发展滞后。从山西省各行业销售产值占全国该行业销售产值的比重可以看出，与煤炭开采、化石能源加工、

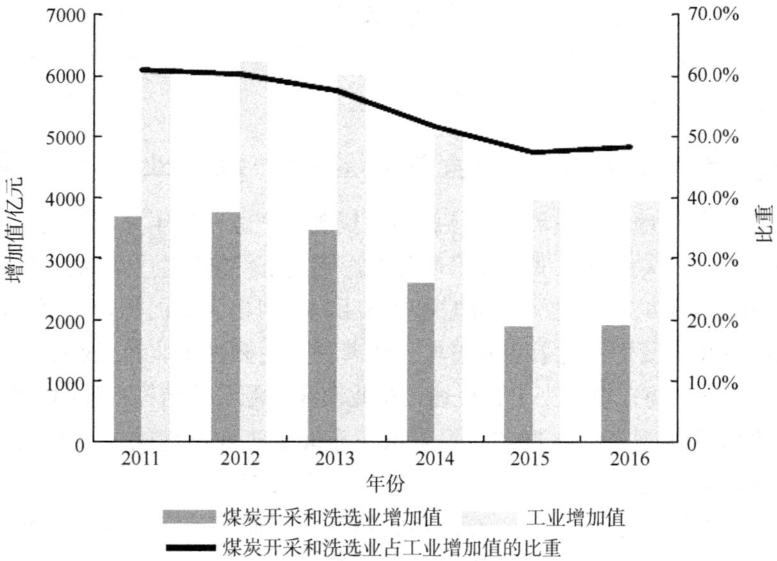

图 2.34　山西省煤炭开采洗选业与工业增加值

①资料来源：《奋斗》2017 年第 15 期。

金属冶炼、电力生产等有关的产业是山西省的主导产业，其他制造业发展滞后（表 2.9）。然而，根据产业的影响力系数可以看出，装备制造业对山西省经济的拉动作用能力强，而煤炭行业的影响力较弱（图 2.35）。

表 2.9 山西省各行业销售产值占全国该行业销售产值比重

行业	比重	行业	比重
煤炭开采和洗选业	21.06	有色金属冶炼和压延加工业	1.33
石油和天然气开采业	0.63	金属制品业	0.25
黑色金属矿采选业	3.88	通用设备制造业	0.29
农副食品加工业	0.48	专用设备制造业	0.49
食品制造业	0.53	汽车制造业	0.18
酒、饮料和精制茶制造业	0.62	铁路、船舶、航空航天和其他运输设备	0.44
烟草制品业	0.48	电气机械和器材制造业	0.23
石油加工、炼焦和核燃料加工业	2.65	计算机、通信和其他电子设备制造业	0.79
化学原料和化学制品制造业	0.50	仪器仪表制造业	0.23
医药制造业	0.64	其他制造业	0.23
橡胶和塑料制品业	0.17	金属制品、机械和设备修理业	0.73
非金属矿物制品业	0.58	电力、热力生产和供应业	2.61
黑色金属冶炼和压延加工业	2.77	燃气生产和供应业	2.38

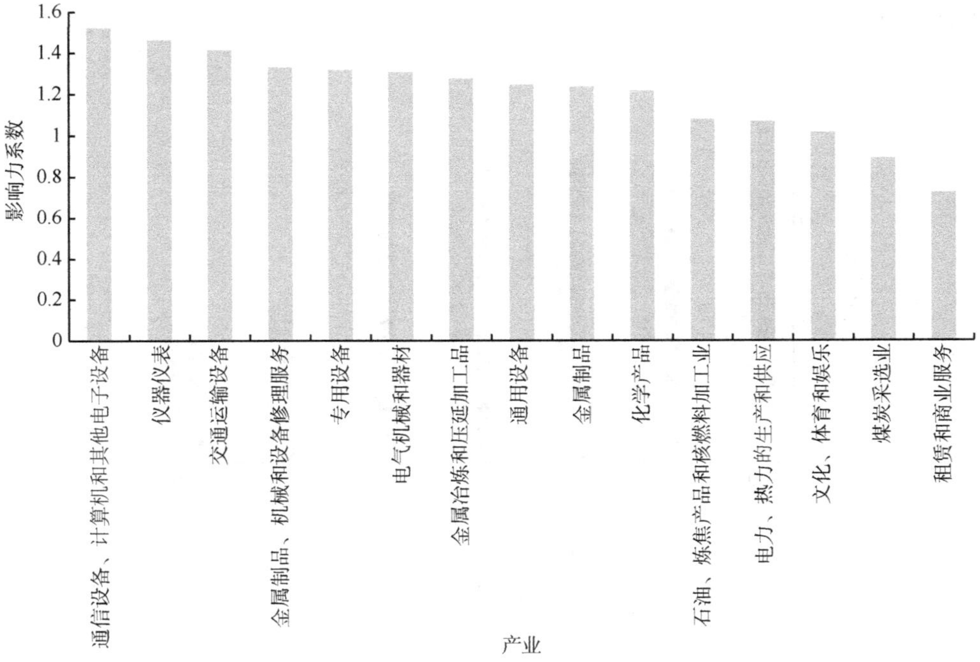

图 2.35 山西省各产业影响力系数

二、老工业基地化石能源产业发展造成了严重的生态环境问题

东北老工业地区化石能源消耗量占比较大，能源强度高于全国平均水平，风、光、生物质等可再生能源开发利用受到限制，能源消费结构存在不合理现象，致使生态环境污染问题突出，污染物排放问题严重，单位产值二氧化硫、氮氧化物和粉尘排放高于全国平均水平，秸秆焚烧带来的农村大气污染问题突出，废弃矿山/矿井的生态环境负效应明显，去产能下关闭了大量煤矿，缺乏有效处置，塌陷区破坏地表植被、耕地、住宅，诱发滑坡、泥石流等地质灾害，大量堆积的煤矸石污染土壤，地下水位抬升，造成串层污染，污染地下水和河流，矿区扬尘、井下有害气体逸散污染大气。

东北地区工业占比较大，其中重工业占比相对较高，2014 年东北三省传统的重化工业占比过高，分别为 80%、60%、70%。这些工业耗能高、污染重，不利于东北地区减排目标的尽早实现。

“一煤独大”的能源结构给山西省带来了严重的空气污染问题。煤炭燃烧是二氧化硫、氮氧化物、烟（粉）尘等大气污染物的主要排放源。2011～2017 年，山西省的二氧化硫、氮氧化物、烟（粉）尘等污染物排放呈减少趋势（图 2.36）。2017 年，山西省二氧化硫、氮氧化物、粉尘排放量分别达 57.31、52.10、43.38 万吨（图 2.37）。

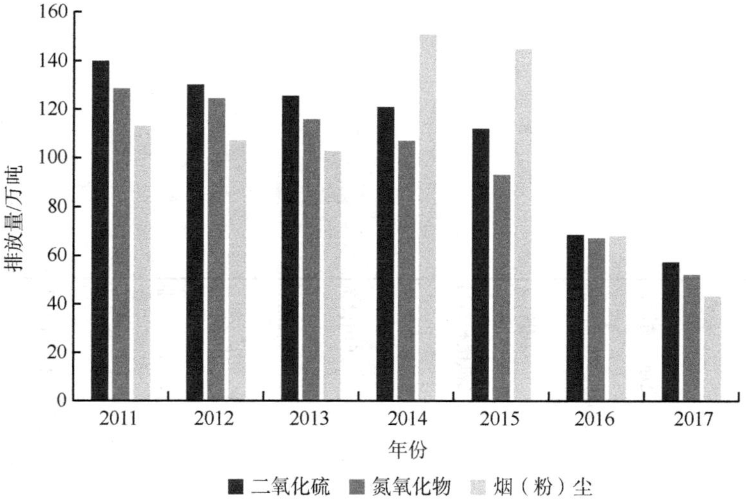

图 2.36　山西省近年来主要空气污染物排放情况

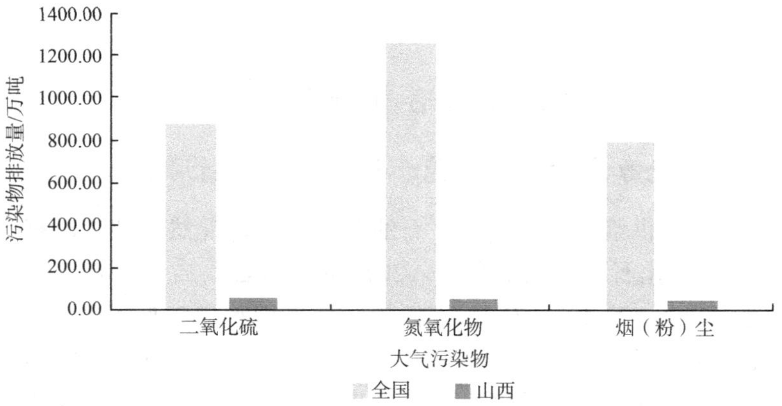

图 2.37　能源产业的大气污染物排放情况

同时，燃煤发电行业也是电力系统中最大的碳排放大户，其碳排放强度远高于其他化石能源电力系统和可再生能源电力系统，燃煤火电是温室气体减排的重点领域。从煤炭消费的碳排放的角度来看，2011～2012 年碳排放逐年增加，增长速度较为缓慢，2013 年碳排放量较前一年增加了 365.22 万吨，碳排放量为近 6 年最高。2013 年后，碳排放量逐年下降，2016 年最低，为 3195.42 万吨（表 2.10）。

表 2.10　山西省煤炭终端消费及排放情况

年份	原煤/万吨	洗精煤/万吨	碳排放量/万吨
2011	5130.02	222.20	2921.07
2012	5231.77	251.01	2995.60
2013	5763.74	365.64	3360.82
2014	5720.75	379.20	3346.83
2015	5463.89	373.17	3204.04
2016	5918.11	0.00	3195.42

第四节　老工业基地发展的关键问题

东北、山西老工业基地在中国经济版图中具有举足轻重的地位，东北老工业基地是新中国工业的摇篮，山西为全国社会经济发展提供能源保障。党和国家在东北等老工业地区集中投资建设了具有相当规模的以能源、原材料、装备制造为主的战略产业和骨干企业，为我国构建独立、完整的工业体系和国民经济体系做出了重大贡献。由于种种原因，随着改革开放的不断深入，老工业基地的体制性、结构性矛盾日益显现，进一步发展面临着许多困难和问题。

一、能源转型发展本身存在问题

（一）化石能源产量两减一稳，非化石能源利用不足

传统化石能源供给方面，煤炭、石油产量减少，天然气产量没有明显的提升（图 2.38）。非化石能源供给方面，2016 年黑龙江、吉林、辽宁非化石发电比重分别为 10.7%、22.1%、21.3%，低于全国平均水平 26%；风电、光伏发电量占总发电量的比例分别为 8.5%和 1.4%；生物质发电装机累计仅 160 万千瓦（2017 年）。考虑到东北老工业基地丰富的非化石能源资源，开发利用程度明显不足。

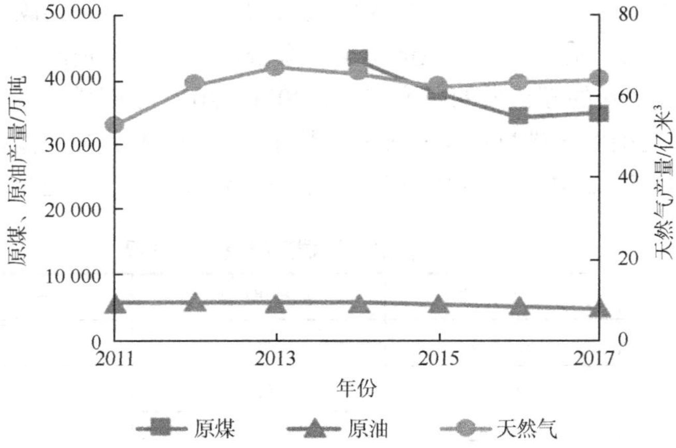

图 2.38　东北老工业基地化石能源产量

山西省“一煤独大”的能源结构尚未改变。山西省化石能源和可再生能源储量丰富，但本地消纳能力有限，煤炭的调出量大于本省的消费量，电力生产能力也大于本省的电力消纳能力。山西省具有巨大的能源外送潜力，本省的能源产业发展，也较大程度依赖于省外的能源市场需求。在电力生产结构中，燃煤火电的比例虽呈降低趋势，以光伏和风电为代表的可再生能源发电比例呈增长趋势，但“一煤独大”的局面短时间内难以改变，未来需要更多地压减煤电比例，为可再生能源电力预留更大发展空间。

（二）化石能源消费比重高，能耗强度高

从电煤占比来看，2016 年黑龙江电煤占比为 73%，高于全国平均水平 65%。从石油消费占比来看，2016 年黑龙江与辽宁石油消费占比分别为 23.2%和 21.2%，

分别高于全国平均水平。对比能耗强度发现，2016 年东北三省均高于全国平均水平，黑龙江、吉林、辽宁分别为 0.8 吨标准煤/万元、0.61 吨标准煤/万元和 1.12 吨标准煤/万元（图 2.39）。

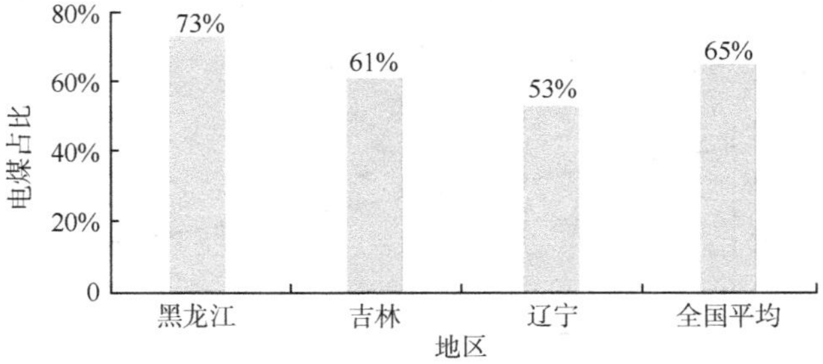

（a）电煤占比

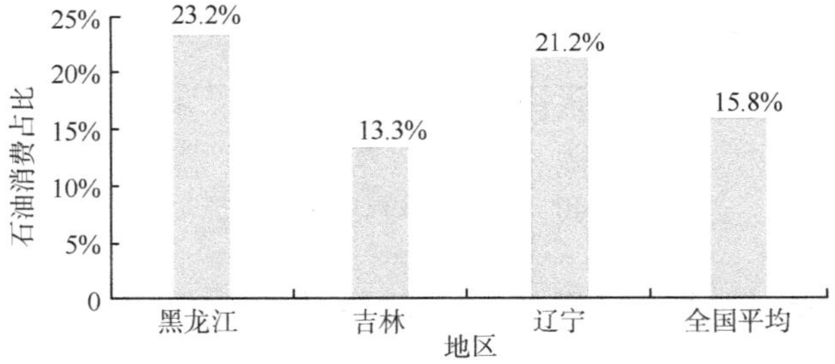

（b）石油消费占比

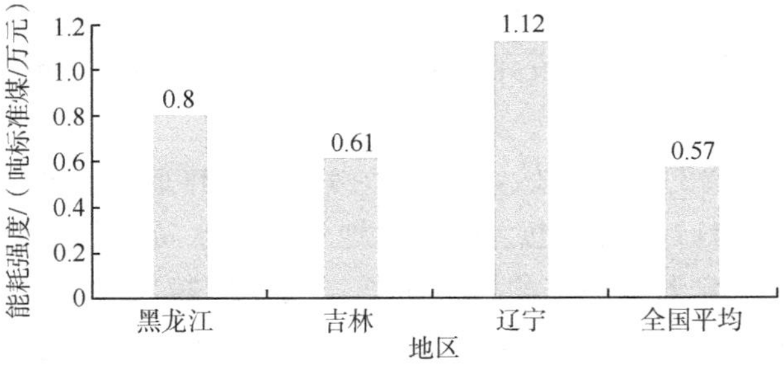

（c）能耗强度

图 2.39　东北三省电煤占比、石油消费占比和能耗强度对比

山西省能源消费中，长期是“一煤独大”的局面，占比超过 90%。近年来在电力生产结构中，燃煤火电的比例虽呈降低趋势，以光伏和风电为代表的可再生能源发电比例呈增长趋势，但“一煤独大”的局面尚未改变。

（三）可再生能源消纳问题突出

东北地区可再生能源蓬勃发展的同时，也遇到了发展困境，其中焦点问题就是风电消纳问题。“十一五”期末以来，由于风电装机快速增长，东北地区电力总体盈余，且受局部地区电网网架薄弱等因素影响，风电消纳和送出困难问题开始凸显，弃风现象日趋严峻。值得注意的是，东北地区的弃风现象主要出现在冬季供暖期，冬季供热调峰矛盾突出是影响供暖期风电消纳的重要因素。东北地区热电联产机组占比 70%以上，冬季供暖期热出力的增加限制了火电调峰能力，挤占了风电上网空间，导致弃风率上升（图 2.40）。

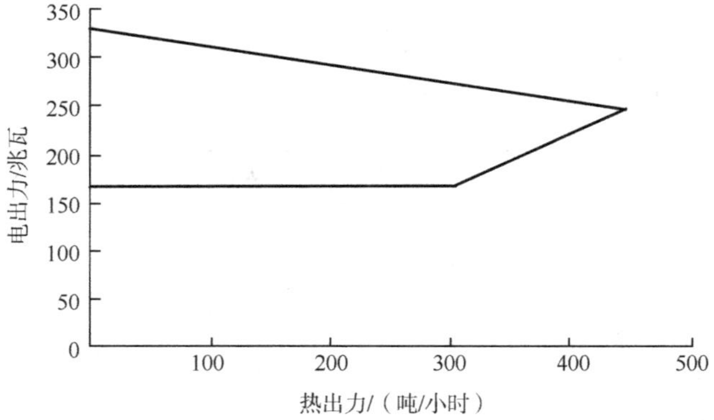

图 2.40　东北地区风电出力情况

（四）生态环境污染问题突出，污染物排放问题严重

东北地区化石能源占一次能源消费比例较大，温室气体排放问题凸显；单位产值二氧化硫、氮氧化物和粉尘排放均高于全国平均水平，农业废弃物直接在田间焚烧对大气污染严重，大量废弃煤矿所遗留的塌陷区地表植被破坏，耕地修复复耕等问题凸显。

山西省煤炭消费的二氧化硫、氮氧化物和粉尘排放量巨大，带来严重的空气污染问题（图 2.41），此外也会造成土地资源和水资源的破坏：煤炭开采会导致地表沉陷，影响土地耕作和植被生长，改变地貌并引发景观生态的变化，矿区土地大面积积水受淹或盐渍化，水土流失和土地荒漠化加剧；煤矿排水对地表水及地下水造成污染，从而危及矿区周围水域、土壤，甚至破坏整个水系，影响生活用水及工农业用水，还会导致地下水水位下降，泉水出流减少或断流。

（五）山西煤炭去产能任务艰巨

为推动煤炭行业供给侧结构性改革，缓解供求矛盾，山西 2016～2020 年通过“五个一批”化解 4 亿吨至 5 亿吨过剩产能，力争将煤炭产能控制在 10 亿吨以内。

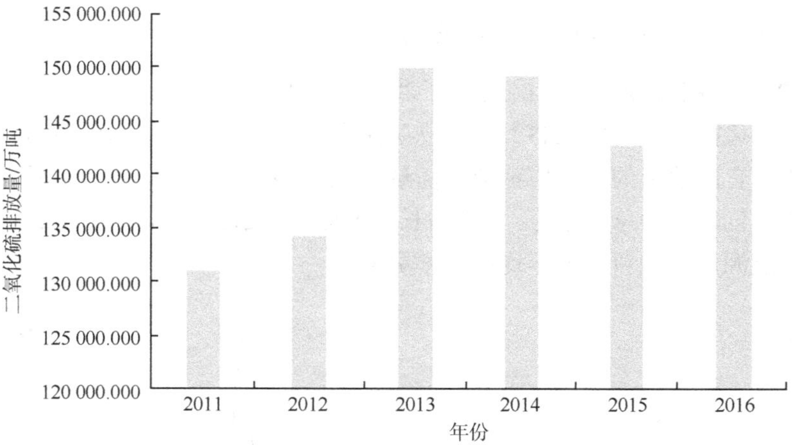

图 2.41　山西省煤炭消费的二氧化硫排放量

截至 2015 年 11 月底，山西共有煤矿 1078 座，煤炭总产能达 14.61 亿吨。其中，已经形成生产能力的煤矿 638 座，产能为 10.13 亿吨；各类建设煤矿 440 座，产能为 4.48 亿吨。山西正常的煤炭产能在 10 亿吨以内，山西煤炭行业有 4 亿吨至 5 亿吨产能是过剩的，要在“十三五”期间多措并举予以化解。

山西省电力行业协会发布的《关于对省调火电企业给予政策支持的建议》指出，2017 年 1～8 月，省调 57 家火电企业，50 家企业亏损，亏损面达到 88%，企业净亏损 38.15 亿元。随着企业连续亏损，省调火电企业资产负债率不断攀升，平均负债率达 81.95%，负债率高于百分之百的企业已达到 12 家，占比达到 21%，负债率最高的已达 636%。截至 2016 年 3 月初，山西煤炭综合售价比最高点跌落 60%；全行业库存 5067 万吨，比 2011 年底增长 3 倍；同时煤炭全行业亏损，企业负债率大幅提高，省属五大煤炭集团 2015 年负债率高达 81.79%。产能严重过剩致使煤炭市场供大于求是煤价持续下跌的基础因素。此外，山西省焦炭产量居高不下，截至 2018 年炼焦占全省煤炭消费量已超过 40%，仅次于电力生产的煤炭消费量。

为此，山西省在 2016～2020 年将通过“五个一批”着力化解过剩产能。淘汰一批过剩产能，对长期停建、缓建、未开工、资源枯竭、开采高硫高灰煤、灾害严重、安全开采条件差、扭亏无望的煤矿要按国家政策依法淘汰关停；推动重组整合一批，加大对优势产能、优势企业的政策支持，促进煤矿行业内部及煤炭与上下游相关行业的重组整合，减少煤矿和主体数量，提高行业集中度；通过置换退出一批、产能核减一批、搁置延缓一批，压减存量产能，严控新增产能，严厉打击违法违规煤矿建设、生产经营行为，严禁超能力开采、不安全生产、劣质煤生产，杜绝非法产能、限制落后产能，为合理优质产能腾出空间。

（六）可再生能源产业创新能力不足

图 2.42～图 2.44 中数据反映了我国各地区 2013～2017 年太阳能产业（图 2.42）、风能产业（图 2.43）和生物质能产业（图 2.44）的创新能力（由国家知识产权局官网检索的专利申请数来衡量）。总体看来，东北三省和山西省可再生能源产业的创新能力总量不足，年均增长率偏低；且相比之下，吉林省 2013～2017 年可再生能源产业创新能力年均增长率更高。

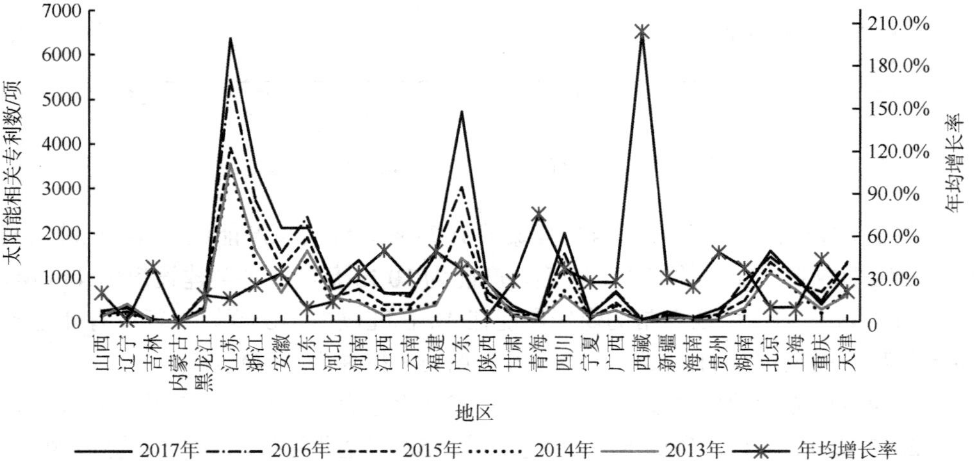

图 2.42　太阳能产业相关专利申请数

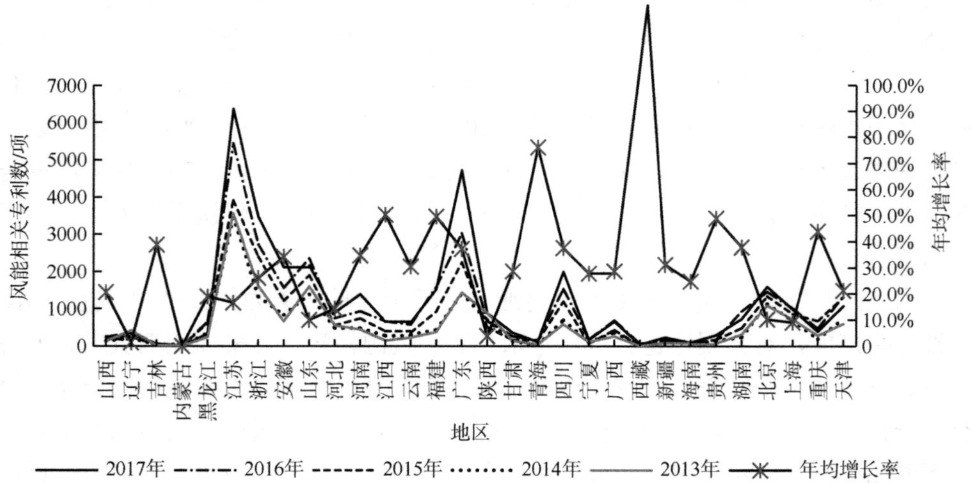

图 2.43　风能产业相关专利申请数

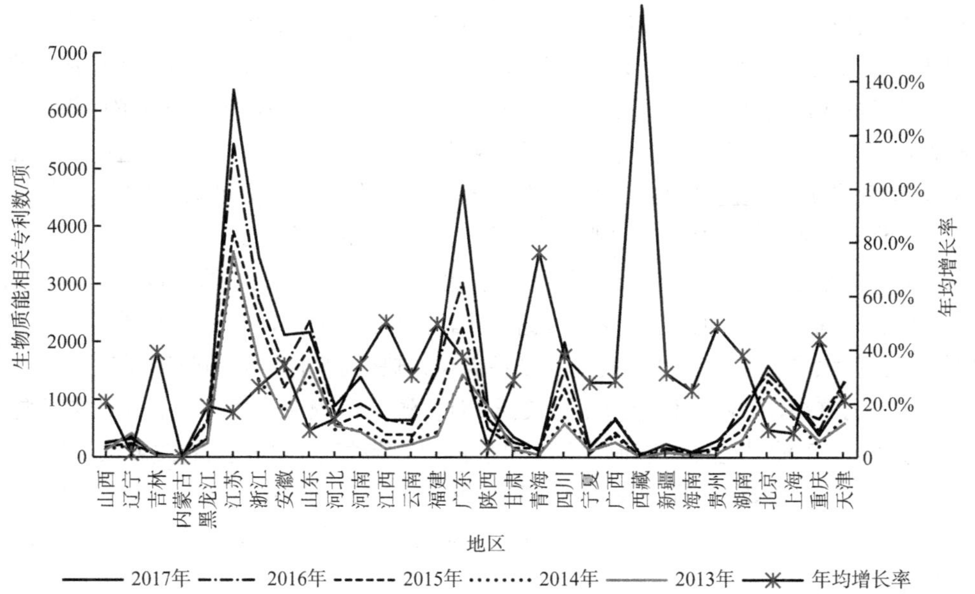

图 2.44 生物质能产业相关专利申请数

二、制约能源转型发展的政策环境问题

老工业基地能源转型发展面临的内部环境问题主要存在于观念、体制和人才机制方面。

（一）观念滞后是制约转型发展的根源

观念转型是转型发展的前提，东北老工业基地转型发展不缺资源、不缺设备，缺的是观念、是精神。东北老工业基地在转型发展思想上存在一定的误区，把基地调整改造单纯看作是工业的调整，只重视国有企业的技术改造和脱贫，而忽视了民营经济和外商投资的发展。同时，受计划经济的长期影响，东北老工业基地的经济运行模式走入了一个“等、靠、要”的观念怪圈，而相对忽视市场和民间力量的培育。习惯这样的模式后，调整老工业地区的发展路线就受到了保守思想的阻碍，各个层面都希望在不变动原有权力和利益的格局下进行转型发展。在这样的观念束缚下，转型发展难以推进。

（二）体制机制落后是制约转型发展的关键因素

体制机制转型是能源转型成败的关键。2015 年 7 月，习近平在长春与相关人员座谈时就强调：“坚决破除体制机制障碍，形成一个同市场完全对接、充满内在活力的体制机制，是推动东北老工业基地振兴的治本之策。”[①]国家发改委发布的《东北振兴“十三五”规划》指出，东北地区体制机制的深层次矛盾尚未理顺，国有企业活力仍然不足，民营经济发展不充分，生产要素市场体系尚不健全。李克强也曾在2016年10月召开的国务院振兴东北地区等老工业基地推进会议上指出，“东北是最晚退出计划经济体制的地区，国企改革的历史包袱重。”[②]

东北老工业基地的体制机制障碍主要表现在以下两方面。

第一，东北老工业基地仍未改变国有经济占绝对主导地位的、以传统产业为主的产业格局。一方面，东北老工业基地国有企业比重高，产权结构单一，但这些国有企业大多机制不灵活，技术和设备老化，缺乏创新活力。同时，垄断性和基础性行业比重高，企业盈利能力相对较低，对资源的依赖性较大，产业转型难度大。另一方面，老工业基地非公有制经济、中小企业、劳动密集型产业的发展很不充分，民营经济发展较为滞后。在中华全国工商业联合会发布的2017年中国民营企业500强中，东北仅有9家，占比1.8%，与东部地区相比差距较大，民营经济还有相当大的发展空间。

第二，市场化程度低，市场经济秩序混乱。老工业基地整体市场化程度低，发展活力不足，无法应对激烈的市场竞争。根据中国经济改革研究基金会国民经济研究所和社会科学文献出版社共同主办的《中国分省份市场化指数报告（2018）》，以“市场化指数”衡量，老工业基地的辽宁、吉林、黑龙江、山西分别处于第16、17、21、22位，市场化程度整体处于较低水平，未建立起有序、完善的市场经济制度。形成这一问题的深层次原因是东北尚未完全脱离计划经济的影响。企业的市场主体地位没有得到充分的体现，在政策制定、经济决策等方面鲜有企业尤其是民营企业等多元市场主体的参与，导致政府、企业陷于两难的尴尬境地。

（三）人才机制不健全是制约转型发展的重要因素

东北老工业基地的人才流失问题相当严重（图2.45）。“十二五”以来，辽宁、吉林、黑龙江三省的人口自然增长率呈明显下降趋势，且远低于全国平均水平，其中辽宁还曾一度出现人口的负增长。人才流失对地区经济发展造成的影响不容忽视，因此人才流失问题已成为制约老工业基地，尤其是东北地区转型发展的重要因素。

---

①习近平：加快东北老工业基地振兴发展，http://www.xinhuanet.com/politics/2015-07/19/c_1115970683.htm [2019-02-01]。

②李克强：东北要痛下决心优化营商环境，http://china.chinadaily.com.cn/2016-10/19/content_27111839.htm [2019-02-01]。

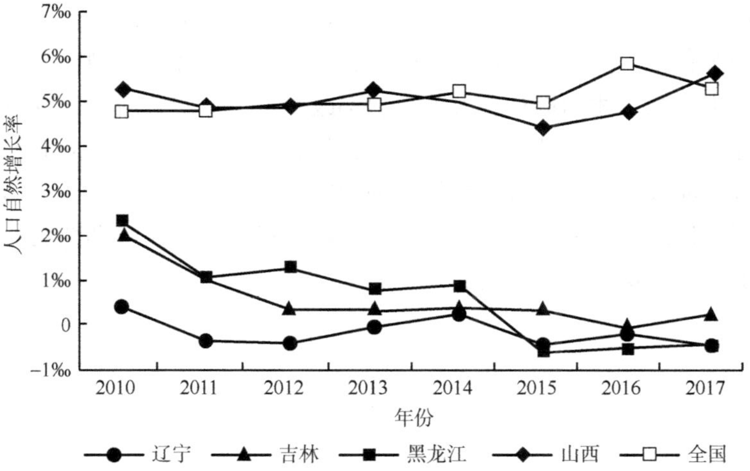

图 2.45　老工业基地人口自然增长率与全国的对比

实现东北老工业基地的经济转型，必须提供强有力的科技和人才支撑。然而，东北老工业基地尚缺乏一个有利于各类人才成长和吸引人才进入的制度环境和成长的土壤，人才流失和浪费现象并存。在市场经济环境下，行政性的科技人才调配机制早已不可持续，而完善的人才激励政策才是引导科技人才流动的关键动力。尽管东北三省普遍加强了对于高科技人才的引进力度，但对比国内其他地区仍显不足，并且出现了相关人才政策落实与宣传不到位、申请过程限制较多、创业资金支持政策优惠力度不足、海外人才创业服务机制不健全等问题。

此外，从科技方面来看，当前东北地区科技投入明显不足，企业 R&D 经费占比较低，新产品开发和创新能力较低，各种科技资源未形成有机整合合力。从人才方面来看，当前东北地区面临着人才缺乏、人才结构和制度落后等问题。东北地区的优秀人才主要集中在政府部门和国有企业，适合产业转型需要的经营管理、外经外贸、高新技术或复合型人才较为缺乏，企业家和高级经济层级还未形成。

当前山西的科技创新活动覆盖面较小，科技创新、知识产权自主意识有待提高。在科技创新活动覆盖方面，山西工业企业科技创新活动和科技人才资源明显不足。在科技创新、知识产权自主意识方面，山西企业普遍缺乏足够的知识产权自主意识，存在“有制造无创新，有创新无产权，有产权无应用，有应用无保护”的状况，发明专利较少。由于缺乏有效的管理，且对基层的专业型、实用型技能人才的重视不够及待遇不高等原因，山西在产学研创新、液压产业集群创新、人才机制创新方面也不理想。

综上，老工业基地要实现转型发展，首先要解放思想，走出过去单纯强调国有企业的误区，以全面振兴东北、山西老工业基地经济为主线。老工业基地转型不仅仅是能源转型，同时也包括观念转型、机制转型、体制转型和产业转型，缺一不可。如果观念、体制机制、人才机制不改变，产业转型就难以取得成效。老工业基地需要加强在观念转型、人才建设转型和体制机制转型三方面的建设，进一步推进政府简政放权，完善促进创新创业发展的体制机制，建立市场导向的技术创新体系，促进大众创业，打造产业竞争新优势，建设富有创新创业精神的人才队伍，加强政策保障和组织实施。

第三章　典型案例分析

第一节　德国鲁尔区转型分析

一、情况介绍

鲁尔区在德国北莱茵-威斯特法伦州境内，位于莱茵河下游支流鲁尔河与利珀河之间，占地4500多平方公里，人口超过500万人。鲁尔区并不是独立的行政单元，而是由11个城市和4个农业区组成的具有一定经济、人口和历史关联性的地理空间。从区位和产业结构看，和我国的沈阳经济区比较类似。历史上，鲁尔区曾以煤炭、钢铁、化学工业发达声名远播，也以环境污染、生态破坏、居民生活质量差而广为人知。

德国鲁尔区是世界著名的老工业基地，也是人类工业文明的一个缩影。经过数十年的循序渐进、吐故纳新，鲁尔正在摘掉自己老工业基地的帽子，各种新兴产业基地渐次兴起。特别是鲁尔区内德国最后一处硬煤煤矿于2018年关闭，鲁尔区正进入新的发展阶段。曾因严重污染被称为“鸡尾酒”的鲁尔河，现已成为旅游胜地。各城市的街面与德国其他地区一样繁华热闹，随处可见大片绿地和公园[27, 28]。

二、对本书的借鉴意义

（一）循序渐进为转型赢得时间

鲁尔区转型早在20世纪70年代就开始了，历程长达四五十年。鲁尔区所在的北莱茵–威斯特法伦州是德国经济第一大州，占到全国经济总量的1/5，2017年经济增速为1.7%，低于全国2.2%的平均水平。这从一个侧面说明鲁尔区转型仍在路上，需要时间来实现吐故纳新。

煤炭是鲁尔区最具代表性的产业。在人工成本高企的德国，采煤业无论机械化程度多高，也都是夕阳产业。但德国政府对鲁尔区的煤炭产业并不是一退了之，而是绵延了几十年，用政府补贴支持、循序渐退的方式来实现资源型城市的转型。

有资料显示，从1958年开始，德国对鲁尔区实施了一项硬煤开采国家消费者补贴政策，以防止煤炭生产量下降过快，导致在短期内对就业市场和社会稳定造成严重冲击。1958～2012 年，累计补贴额高达 1580 亿欧元（2000 年不变价）。尽管补贴成本很高，但德国还是采取逐渐退出的策略，维持采煤业多年，期间煤炭企业多是依靠政府补贴度日。这一巨额资金补贴计划虽不能挽救成本较高的煤炭矿井被关闭的命运，但为鲁尔区的转型发展赢得了宝贵时间。

（二）人才为先为转型提供智力支撑

在鲁尔区转型过程中发挥基础作用的是人才。早在 20 世纪 60 年代，德国政府就开始了前瞻性布局。德国联邦政府 1962 年在鲁尔区设立波鸿鲁尔大学，此后陆续建设了多特蒙德工业大学、埃森大学、杜伊斯堡大学等一批高等院校，这为鲁尔日后成为德国重要的科研高地奠定了基础，并在老工业基地转型过程中发挥了重要作用。

历史上，整个鲁尔区有 30 万煤矿工人，大学生寥寥无几。大学逐渐在鲁尔区建立后，2018 年已有 50%的当地学生有大学文凭，教育水平大幅提高。2018 年底，不再有煤矿运营的鲁尔区拥有 30 万大学生。这就是 50 多年时间鲁尔区人口受教育水平的“置换”——从矿井到大学。

波鸿鲁尔大学一直扮演着“创新工厂”的角色。比如，其成立的信息安全研究所拥有 7 个学科共 21 位教授、100 多名科学家和 800 多名学生，是欧洲规模最大的信息安全研究所，也是德国输出信息安全专业人才最多的地方，由此助推了一批网络安全企业在波鸿成长壮大，比较大的如 G-DATA（歌德塔）。博世、大众等德国大型企业通过收购波鸿当地的互联网技术（internet technology）公司或设立子公司，依靠来自波鸿的专有技术来保护嵌入式系统。

（三）政府引导不越位也不缺位

在鲁尔区转型过程中，政府角色定位较为明确。政府应发挥前瞻性的“引导”作用，而不是包揽式的“主导”作用。产业转型不是由政府组织的，社会的转型、技术的进步是基础，政府在这样自发形成的基础上进行规范和引导。政府需要保持敏感性和前瞻性，看到转型的机遇，还需要勇气给产业界以信心。在硬性补贴方面，中央政府该出手时就出手，对煤炭行业持续补贴了几十年。在软性政策上，中央政府并没有给予更多财税支持。除北莱茵–威斯特法伦州在全州范围内给予吸引投资的优惠政策外，鲁尔区各地政府没有推出其他更多优惠政策，而是踏踏实实地打造一种环境，形成一种氛围，遵循市场规律来推进转型和发展新兴产业。

对于如何发挥政府的引导力，鲁尔区的地方政府均将改变城市形象作为一项重要工作。多特蒙德曾是一个钢城，蒂森克虏伯多家工厂设在这里。随着去产能的推进，一个占地约 200 公顷的厂区腾退出来。市政府没有立刻开发这块地，而是在欧盟资金支持下，挖掘了一个30多公顷的人工湖，命名为凤凰湖。钢厂变湖泊，让这个地块迅速升值。开发商纷纷出资投资建楼，商业也发达起来，凤凰湖区域2018年已成为多特蒙德新的优质社区，一举改变了城市形象。

第二节　徐州潘安湖采煤塌陷区转型发展分析[29-31]

一、情况介绍

（一）基本情况

徐州是我国华东地区重要的煤炭基地，有着130多年的煤炭开采史，累计造成38.87万余亩①采煤塌陷地。长期以来，这些塌陷区坑塘遍布、荒草丛生、生态环境恶劣，又因村庄塌陷，造成当地农民无法耕种、无法居住，形成了沉重的历史包袱。

徐州市采煤塌陷地综合整治工作起步于1988年，是全国最早的3个采煤塌陷地农业综合开发复垦国家级示范区之一。2001年，徐州市率先在全国颁布实施《徐州市采煤塌陷地复垦条例》。2008年以来，徐州市国土资源局创新工作思路，坚持“宜农则农、宜水则水、宜建则建、宜生态则生态”的治理原则，全力推进采煤塌陷地综合整治工作，探索走出了一条具有地方特色的整治模式。2017年12月12日习近平总书记考察了潘安湖采煤塌陷地综合整治项目，引起了社会的高度关注②。

潘安湖采煤塌陷地综合整治工程总规划面积52.87平方公里，其中核心区面积约为16平方公里。项目2010年动工，由徐州市国土资源局牵头，中国土地勘测规划院、国土资源部土地整治中心、中国矿业大学、老工业基地资源利用与生态修复协同创新中心、徐州市生态文明建设研究院等单位参与。

（二）生态修复整治内容

作为江苏省委省政府支持徐州老工业基地振兴的重要举措，2009年底省财政厅、省国土资源厅批准实施潘安湖综合整治项目，实施规模1.74万亩，总投资1.71亿元，成为省国土资源厅单体投资最大的土地整治项目。项目于2010年3月开工建设，2013年底全面建成。两期建设累计整治塌陷土地3万亩，省、市拨付及地方自筹投入工程建设资金超27亿元。

---

①1亩≈666.7平方米。

②习近平在江苏徐州考察 强调紧扣新时代要求推动改革发展，http://www.gov.cn/xinwen/2017-12/14/content_5246749.htm[2017-12-14]。

1. 塌陷地复垦整治

通过对受损土地的修复，对相应桥、涵、闸、站、渠等的科学规划、精心实施，将低产田甚至是绝产田，整治成高效农业示范区，实现农业增产、农民增收，整治后的耕地成为“田成方、林成网、路相通、沟相连”的高效农业区，很大程度提高了人均耕地面积，缓解了人地关系紧张状况，给地方政府的发展提供了空间，有力促进了地方经济和社会的发展。

2. 挖掘工业用地潜力

对于因破产关停的各类煤矿、企业存量建设用地，积极通过转让、安置职工、置换等方式予以重新利用。对因采煤塌陷征为国有的工矿用地，在做好原使用权人土地补偿和安置的基础上，积极组织盘活，先后利用该类存量土地建设了一大批企业，创造了可观的经济效益和社会效益。

3. 塌陷村庄搬迁

原来分散、占地面积大的村庄老址，通过科学规划、合理布局建设成“农民公寓、新村”，有效改善塌陷区村民居住环境，实现土地节约集约利用。采用复垦置换、增减挂钩形式将有限的建设用地指标节约用于新城区建设和工业集聚区项目用地，极大地缓解了建设用地指标压力。

4. 塌陷区生态修复

针对塌陷地的形状、土壤类型、地层结构、稳沉程度、积水深浅等不同情况，在整治之初就统筹规划，突破土地整理科目之间的限制，坚持塌陷地整治与生态修复相结合，进行分类改造利用，积极打造生态修复示范区，逐步把塌陷地转化为独特的开发资源，变历史包袱为极具潜力的发展空间。

5. 生态修复整治成效

由于潘安湖采煤塌陷区整治项目坚持绿色发展、生态优先理念，集“基本农田整理、采煤塌陷地复垦、生态环境修复、湿地景观开发”四位一体的建设模式，取得了十分可喜的成效。潘安湖采煤塌陷区综合整治，改善和修复了生态环境，有效拓展了徐州生态空间、促进了城市转型、提升了区域功能，实现了采煤塌陷地变废为宝、变包袱为资源，广受社会各界好评，也充分体现了科技的重要作用和“研用”结合模式的显著效益，形成了具有东部矿区可复制可推广的采煤塌陷区修复模式。

1）再造绿水青山，发挥综合效益

潘安湖采煤塌陷地整治坚持生态效益、社会效益、经济效益的有机统一，既要绿水青山，也要金山银山。通过土地综合整治，将昔日伤痕累累、荒凉破败的塌陷地建成了“湖美、景靓、田丰”的特色景观区，拓展了生产、生活和生态空间。

2012 年 10 月潘安湖湿地公园建成开园以来，年均接待游客总量高达 200 余万人次，附近原本单纯靠耕种吃饭的村民有了旅游、餐饮等行业选择。结合潘安湖国家 4A 级湿地公园建设，引进了恒大集团等知名地产企业，着力打造集旅游、养老、科教、居住为一体的新型城镇化生态居住区，促进塌陷地整治、产业振兴和城镇化建设三位一体，拉动了方圆几十公里区域内经济发展。

2）推动转型升级，扶持乡村振兴

与潘安湖毗邻的马庄村，村内 600 余户 2000 多名村民原来大多以煤为生，现依靠国家级湿地公园旅游发展多种经营，实现了向保安、餐饮、保洁、绿化等服务行业的转变，2013 年的马庄村已由当年的重点煤矿区，蜕变为潘安湖风景区四大板块之一的“民俗文化”体验板块。

“不挖煤了，咱换个活法”成了马庄村农民“最大的心声”。马庄村香包手工制作被确定为国家级非物质文化遗产，中药香包已成为区域重要的旅游产品，年销售额 2000 余万元，带动当地 100 多名妇女实现创业就业，逐渐走上了致富奔小康之路。

原本只是挖煤闲暇时的“副业”，如今却成全域旅游新时代的“主业”。马庄农民乐团参加了 1997 年中央电视台第七频道春晚，曾应邀赴欧洲演出。目前，马庄农民乐团固定资产已超 500 万元，在全国演出超过 8000 场次。马庄村的蝶变实现了乡村振兴，也是贾汪区（潘安湖所在地）转型发展的缩影。

3）提升区域功能，支撑地方经济社会发展

2017 年，潘安湖采煤塌陷区域开始规划建设科教创新区，用地面积约 26 000 亩。占地 1300 余亩的江苏师范大学科文学院已全面开工建设，生态研究院等项目正在同步规划。

为了研究采空塌陷区土地建设的可行性和适宜性，徐州市针对采空塌陷区进行了地质灾害评估、稳定性评价、施工处理三个环节的工作，保证了塌陷区场地的建设利用。采空区场地经过科学论证和地基处理，已经成功开发了几十个居住小区、大中型工业厂房，取得了良好的综合效益，将有力支撑地方经济社会发展。

二、对本书的借鉴意义

据有关方面提供的数据，我国 2016 年采煤塌陷区累计近 15 000 平方公里。潘安湖采煤塌陷地综合整治的成功，为徐州也为全国类似塌陷地整治积累了十分成熟的经验。习近平总书记 2017 年 12 月 12 日在徐州考察潘安湖采煤沉陷地整治情况时指出，“资源枯竭地区经济转型发展是一篇大文章，实践证明这篇文章完全可以做好，关键是要贯彻新发展理念，坚定不移走生产发展、生活富裕、生态良好的文明发展道路”①。对采煤塌陷区整治的有益经验，要注意总结推广。潘安湖采煤塌陷地综合整治，是由徐州市国土资源局牵头，联合有关部门实施的，因此，其经验值得在全国推广。潘安湖采煤塌陷地综合整治成果引起了国内外主流媒体的高度关注，中央电视台《新闻联播》《焦点访谈》等栏目，以及《人民日报》《新华日报》《中国国土资源报》等多家有影响力的新闻媒体进行了数次报道，辽宁、安徽、山东、甘肃、广东等多地前来参观学习。其成功经验主要包括以下几点。

（一）政策法规先行，体制机制创新

1. 帮助徐州解决采煤塌陷地和关闭破产矿山土地利用问题

结合第二次全国土地调查工作，查清采煤塌陷地的现状、数量、分布和权属，积极向国家争取合理调整变更。根据采煤塌陷地的塌陷状况，加快整治和生态修复步伐，尽快使塌陷地变为耕地、生态景观等可利用资源。对已塌陷应征未征的6.47万亩（其中责任主体缺失的1.37万亩）土地，3年内完成土地征收。责任主体明确的由责任主体申请办理征地手续；责任主体缺失的由当地政府申请办理征地手续，征地费用按省、市分担原则解决。对已经稳沉具备治理复垦条件的4.2万亩塌陷地，由省、市、县（市、区）共同组织复垦，3年内完成复垦治理；其中原为建设用地的近2万亩塌陷地，复垦成耕地后，可等面积置换为建设用地指标。帮助解决塌陷地村庄搬迁用地指标。

盘活利用关闭破产矿山存量土地。徐州市人民政府依法收回本区域内由政府划拨的1万多亩关闭、待关闭矿山存量土地的权属，根据经济社会发展需要，合理规划使用。对已授权徐州矿务集团有限公司（以下简称徐矿集团）经营的土地，允许其作为法人资产，在本企业内转让、作价出资、出租、抵押；如用于企业之外或两年内不用，由当地政府收回。对不改变土地用途、仍由徐矿集团作为用地主体的，可保留原土地使用方式；如变更用地主体，应协议出让，由当地政府按净收入的40%收取土地出让金。对改变土地用途的，应列入当地政府土地储备计划，公开上市出让，净收益由当地政府和徐矿集团按5∶5比例分享。

支持徐州推进村庄整理，扩大农村建设用地减少与城镇建设用地增加挂钩试点工作，挂钩周转指标在保证拆旧地块农村居民安置和乡村基础设施建设的前提下，用于产业发展和城市建设。

调整提高采煤塌陷地征收、采煤塌陷地复垦、压煤村庄搬迁、农作物损失补偿标准。规范煤炭开采和涉煤建设行为，对压煤村庄严格实行先搬后采，禁止在

①治理之道：做好经济转型发展这篇大文章，http://theory.people.com.cn/n1/2018/1228/c40531-30492321.html [2019-02-01]。

现有生产或在建的矿井井田范围上方建设建筑物、构筑物。

建立健全采煤塌陷地被征地农民基本生活保障制度，保障资金以征地补偿款为主，缺口部分按省、市分担原则解决。

2. 帮助徐州积极推进棚户区改造

把棚户区改造作为改善老工业基地民生的首要任务，对 307 万平方米建筑面积的棚户区改造，就要按照“立足于早解决、集中资金和力量加快解决”的基本要求，研究制订实施方案和工作计划，加大推进力度，尽快启动实施。落实棚户区改造的各项优惠政策，免收省、市、县政府设立的规费和政府性基金，确需调剂用地指标的，省给予适当支持。对徐矿集团等涉煤企业 150 万平方米的棚户区改造，省财政给予适当补助，力争两年内基本完成。

3. 在财税金融等方面予以适当支持

在全面实施国家增值税转型改革措施的同时，争取比照国家振兴东北老工业基地的有关税收政策，支持徐州的装备制造业、石油化工业、冶金业、采掘业、汽车制造业和农产品加工业等加快技术进步和转型升级。

将总部驻徐州的徐矿集团企业所得税地方分成部分全额返还给徐州。徐州经济开发区、徐州工业园区新增地方财政收入省集中部分，比照《中共江苏省委江苏省人民政府关于调整分税制财政管理体制的通知》（苏发〔2008〕15 号）有关规定予以返还奖励。省有关部门在重大产业项目布局规划、转型项目安排、相关领域专项资金计划等方面，重点向徐州老工业基地产业发展和资源型城市转型倾斜，帮助其加快培育接续替代产业和新的经济增长点。

鼓励和引导国家政策性银行为资源型城市与资源型企业提供政策性金融支持。鼓励和引导商业银行、城市信用社积极为徐州各类企业特别是中小企业提供金融服务。支持徐州企业上市、发行债券、扩大创业投资规模。鼓励商业银行采取有效措施，化解老企业债务问题。

4. 鼓励徐矿集团产业转型转移

帮助徐矿集团申请列入国家国有重点煤矿，享受相关优惠政策。支持徐矿集团在提高本地资源开采水平和安全保障度的同时，加大省外、境外煤炭资源开发力度，将徐矿集团在省外的能源项目列入省际经济协作重点项目。支持徐矿集团培育壮大电力、装备制造、物流、煤化工等接续产业。抓紧实施徐矿集团煤矸石综合利用电厂一期工程 2×30 万千瓦机组建设。允许徐州地区的煤炭企业税前按吨煤 20 元提取可持续发展准备金，专项用于环境恢复与生态补偿、发展接续替代产业、解决历史遗留问题等。对徐矿产业转型转移，省财政给予适当补助。

（二）做好顶层设计，理念模式创新

针对潘安湖地区塌陷地范围广、深度大的特点，徐州市国土资源局坚持绿色发展、生态优先的原则，坚持“宜耕则耕、宜渔则渔、宜建则建、宜生态则生态”理念，按照“基本农田整理、采煤塌陷地复垦、生态环境修复、湿地景观开发”四位一体建设模式，高标准规划设计，全力推进采煤塌陷地生态修复和综合利用。利用“分层剥离、交错回填、土壤重构”等一系列工程技术手段，还耕种粮，以增加有效耕地面积。目前，潘安湖塌陷地已建设为高优农业区、浅水种植区、深水生态湖和生态孤岛，构建了以“山为骨、水为脉、林为表、田为魂、湖为心”的国土生态安全体系，推动山水林田湖草的土地综合整治工作，助推贾汪（潘安湖所在地）实现了由“一城煤灰半城土”到“一城青山半城湖”华丽转身，打造绿水青山，守住乡情乡愁。

（三）注重产学研结合，强化科技支撑

采煤沉陷区的综合整治是采矿工程、开采沉陷预计、生态修复、土地复垦、景观再造等多个学科和技术的集成。在潘安湖采煤塌陷区综合整治中，徐州市国土资源局、中国矿业大学等单位积极开展产学研结合，进行多项科技攻关工作，探索出了粉煤灰充填技术、煤矸石充填法复垦技术、疏排法复垦技术、挖深垫浅法复垦技术。徐州市国土资源局联合中国土地勘测规划院、国土资源部土地整治中心、中国矿业大学、江苏省老工业基地资源利用与生态修复协同创新中心、徐州市生态文明建设研究院等单位，先后完成了潘安湖采煤塌陷区的水土资源调查、开采沉降预计、矿地一体化信息平台、采煤塌陷区人工湿地生态修复规划与重建技术体系、土壤重构技术、采煤塌陷区土地复垦技术、塌陷土地地貌重塑及景观再造技术、采空区抗变形技术应用等研发与集成，多种技术的综合应用为潘安湖的规划设计奠定了坚实的基础。

2011 年，国土资源部批准徐州潘安湖采煤塌陷地为黄淮海采煤塌陷地土地利用野外基地，相关单位实施了“煤矿区国土资源协调与调控研究”、“工矿区受损农田修复与精细化整理技术集成与示范”、“灾毁农田和城郊污灌农田修复技术集成与示范”、国土资源部公益性行业科研专项“煤矿区国土资源管理一张图关键技术开发与集成示范”、“苏北煤炭开采区土地资源数量–质量–生态监测与持续利用野外科研基地建设”等项目。还利用矿地一体化管理技术平台，实现区域煤炭开采地表形变预测和残余变形分析，建设了生态监测与持续利用野外科学观测研究基地，全过程监测生态演变过程，为潘安湖湿地建设和维护提供了科技支撑。

第三节　大庆油田转型发展分析

一、情况介绍

大庆油田历经半个多世纪的高速开发，目前已进入矛盾叠加期、集中凸显期和发展关键期，面临着后备资源接替不足、开发难度越来越大、经济效益逐步下滑等诸多矛盾和挑战，转型发展需求十分迫切。为保障大庆油田持续稳定和振兴发展，近年来大庆油田正积极进行科技创新及多元化转型发展[32-34]。

（一）高度重视科技创新投入

大庆油田于2008年和2016年先后设立了“大庆油田原油4000万吨持续稳产关键技术研究”“大庆油田非常规油气勘探开发关键技术研究与试验”“大庆油气持续有效发展关键技术研究与应用”等三个重大科技专项。“十二五”以来，累计投入122亿元，建成“驱油用聚丙烯酰胺产品检验”等10个国家级和行业级实验检验中心，三次采油等5个集团公司试验基地，油藏工程等5个省工程技术研究中心和28个油田科研重点实验室，为加快科技创新创造了有利条件，有利推动了核心主导技术创新发展，有效地支撑了大庆原油4000万吨持续稳产。

（二）发展“以气补油”“以化补油”

十几年来，大庆油田不断加大天然气勘探开发力度，从“一油独大”到“油气并举”。如今，天然气业务已成为大庆油田战略性、成长性、价值性工程，通过进一步加快增储上产步伐，积极培育新的经济增长点，从而推动主营业务实现结构优化、转型升级。

此外，大庆油田正在推动建立以大庆为“油头”、带动周边共同发展的“油头化尾”项目，提高石油等资源精深加工能力，不断壮大接续产业，打通“油头”路径、对链条延长“化尾”，重点发展乙烯产业链、丙烯产业链等六大产业链条，引领和推动自身转型发展进入新境界。

（三）精准开发本土油气，积极拓展海外油气业务

内外并举、内外并重。一方面，持续发展本土油气业务，重视勘探和精准开发，不断提高资源探明率、储量动用率和油气采收率，进一步筑牢发展的压舱石。另一方面，积极拓展规模化的海外油气业务。目前，大庆油田的海外业务已经覆盖了包括中东、非洲、亚太和美洲在内的26个国家和地区，“走出去”已成为大庆油田重要的经济增长极。转型升级发展服务保障业务，

稳步有序发展新型接替业务，通过持续优化提升，实现向国际化资源创新型企业的跨越。

二、对本书的借鉴意义

以大庆油田为代表的资源型企业转型是老工业基地转型发展的重要抓手。大庆油田转型发展的经验有以下借鉴意义。

（一）科技创新是转型发展的核心驱动力

要以技术推进精准开发，为稳油增气提供强有力的保障。大庆油田通过将大量科研经费投入到三元复合驱技术、控含水递减关键技术等稳产增效的勘探开采技术中，走出了一条以技术增资源、以技术保稳产、以技术提效益的发展之路，从而保证了其 4000 万吨原油的持续稳产。

（二）资源枯竭型企业要谋求多元化转型

化石能源的逐步枯竭是难以避免的，而老工业基地类似大庆油田这样的资源依赖型企业并不在少数，谋求多元化转型、拓展经营范围、优化产品结构将是这类企业实现振兴发展的必由之路。大庆油田通过开展“以气补油”“以化补油”的结构优化调整，建设下游精深加工项目、延长产业链，为老工业基地的油气企业转型提供了可行、有效的思路。

（三）东北老工业基地应充分利用其区位优势

发展海外业务，培育以大庆油田为典型代表的国际化资源创新型企业。深入参与国家“一带一路”倡议和“中蒙俄经济走廊”建设，抓住相关国家尤其是非洲发展中国家对油气、矿产资源开发利用的迫切需求，充分发挥老工业基地在此领域的技术、队伍、品牌等优势，不断拓展海外业务。

第四节　实施燃煤电厂生物质耦合改造项目分析

一、情况介绍

德拉克斯（Drax）电厂为英国最大的燃煤火电厂（3960 兆瓦电），该电厂生物质混烧每年消耗生物质 150 万吨，生物质混烧每年减排二氧化碳量为 200 万吨，相当于 500 座最大的风力发电达到的二氧化碳减排量（图 3.1）。

2018年完成4台660兆瓦燃煤机组100%纯燃生物质改造，使德拉克斯电厂成为世界上最大的低碳生物质发电厂

图 3.1 英国德拉克斯生物质掺烧火电站

2003～2010 年，德拉克斯电站将全部 6 台锅炉中的 3 台改造成了有单独生物质磨制和燃烧的混烧锅炉，成为世界上容量最大的采用单独生物质处理、磨制和燃烧的生物质混烧煤粉炉电厂。2013～2018 年，在生物质混烧改造经验的基础上，4 台 660 兆瓦电锅炉被转换成 100%生物质燃烧。经济效益：2015 年德拉克斯电厂的总收入是 26.38 亿英镑，其中由于混烧生物质而得到的零碳排放发电量奖励和上网电价优惠的收入为 4.518 亿英镑，占总收入的 17%。2017 年净销售的发电量为 20.0 亿千瓦时，其中生物质燃料的发电量占总售出发电量的 65%。英国决定在 2025 年关闭全部燃煤电厂，德拉克斯电厂于 2018 年 6 月将 4 台 660 兆瓦的燃煤机组成功改造成 100%的纯燃生物质机组，成为世界上最大的低碳生物质火力发电厂。该生物质混烧工程包括建一座 12 000 立方米的生物质燃料储仓，以及燃料卸载、输送、过筛、分离、磨粉直到炉前燃料仓和燃烧系统。

二、对本书的借鉴意义

根据英国的经验，发展燃煤火电向生物质燃烧发电转换以实现低碳转变的主要优点包括以下几个方面[35-39]。

（1）可以用最短的时间和最经济的方式实现火电的低碳转换。

（2）原煤粉炉转换成燃烧生物质燃料的技术可靠性已经在英国的经验中得到证实，100%生物质转换已经在德拉克斯电厂的 4 台 660 兆瓦燃煤机组实现。

（3）生物质颗粒燃料的供应和经济性可得到保障。

（4）由于火电技术的可靠性、稳定性和灵活性，它可以支持和配合日益增长的风电和太阳能发电这些间歇式清洁发电方式的发展。

第五节　潞安集团煤基制油及精细化学品项目分析

一、情况介绍

（一）基本情况

潞安煤基制油版块是“十二五”期间，在潞安的转型发展攻坚中蓄势崛起的，2008 年 12 月 16 万吨/年煤基合成油示范厂建成并产出第一桶油，2013 年在 16 万吨示范厂稳定运行的基础上，建设了 180 万吨/年高硫煤清洁利用油化电热一体化示范项目（简称“180 项目”）等现代煤化工项目，煤基合成油也从 1.0 版向煤基精细化学品 2.0 版升级。

1. 16 万吨/年煤基合成油示范项目

2006 年 2 月，潞安 16 万吨/年煤基合成油示范项目正式奠基开工，2009 年 7 月 10 日，项目铁基浆态床合成装置也正式出油，潞安成为全球唯一掌握两种催化剂进行煤制油的企业，确立了世界领先技术优势。2016 年各生产装置全面大检修，一是解决了两炉运行中存在的瓶颈问题，为设备长周期稳定运行提供了保障；二是更换脱硫剂，解决了微量有机硫对催化剂的影响；三是优化催化剂还原方案，改变反应器压入气组分，提高催化剂还原质量；四是对油水分离器进行技术改造，油水分离效果进一步提高，轻油回收效率不断提高。特别是 2013～2017 年，年产油品实现了从 7.93 万吨到 2017 年 17.43 万吨的突破。

2. 180 万吨/年高硫煤清洁利用油化电热一体化示范项目

在 16 万吨示范厂稳定运行的基础上，按照省委省政府的要求，潞安启动了 180 万吨/年高硫煤清洁利用油化电热一体化示范项目。项目于 2012 年 7 月取得国家发改委“路条”，2016 年 11 月取得国家发改委立项核准批复，并列入《国家重点产业生产力布局和调整规划》中，山西省政府将示范项目列为建设国家综改试验区重大转型标杆项目。项目是煤炭高端转化、深度转化的产业基地，是“技术创新+产业创新+商业模式创新”的示范点。

2018 年 9 月 26 日，潞安集团 180 万吨/年高硫煤清洁利用油化电热一体化示范项目四台气化炉全部进入满负荷运行状态，实现了两条生产线全流程满负荷运行，日均生产合格产品 3000 吨。该项目是潞安集团争当能源革命排头兵的重要基石，以潞安集团自产高硫煤为原料，采用全球投煤量最大、产气量最高、碳转化率最好、运行效率最优的气化炉，与潞安煤基高端精细化学品技术集成耦合，实现煤炭的清洁高效利用。

（二）项目的主要特点[40]

1. 能源安全战略需要

从能源安全角度考虑，中国开发相对丰富的煤炭资源，利用自主研发的煤炭间接液化技术实现产业化，为我国的石油储备提供一个动态的、可根据需求随时进行调控的“战略石油储备库”，借此替代部分石油产品需求，对化解石油对外依存度过高而产生的风险，具有深远的战略意义。

2. 环境保护需要

本项目以资源节约和环境友好为核心要求，将下组高硫煤转化为燃料油替代石油。在煤制油过程中70%的二氧化碳已经在油品生产过程中完成捕获，为碳排放的彻底控制创造了先决条件，煤炭中的硫可得到回收利用，生产的油品为无硫、无氮、无芳烃的清洁燃料。项目建设充分体现循环经济和可持续发展理念，率先走出了一条煤化工多联产低碳排放的路子。

3. 有助于化解煤炭产能过剩

目前，我国煤炭产能过剩的问题已经十分严重，对煤炭产业的生存和发展造成重大影响，化解产能过剩成为当前乃至今后一段时间煤炭产业的主要任务。但是，客观上已形成的产能必须有序释放，否则将造成极大的浪费。因此，除了通过行政手段管住源头，更主要的应在形成煤炭新的消费增长点上做文章。在目前技术条件下，1亿吨煤制油品的转化能力，可以消化4亿吨左右的煤炭。因此，发展煤制油，增加对过剩煤炭的有效消费，是解决煤炭产能过剩问题的战略性措施。

（三）项目面临的困境

（1）煤制油产业在我国整体上还处于起步阶段，但潞安集团煤基转化项目建设规模宏大，项目工程投资成本和技术研发成本高，政府相关支持政策较少，这些因素共同导致企业债务负担沉重，面临着经营困局。

（2）国家连续三次上调消费税税率，使得煤基油品消费税综合税负已超过40%。加上近年来国际油价下行，而煤炭价格高企，沉重的消费税税负和资源成本严重影响了企业生产经营，直接制约了煤制油产业的发展。

（3）由于煤制油项目缺乏行业统一建设标准，大量采用了非标件，增加项目建设成本的同时，极大制约了技术的产业化推广。

二、对本书的借鉴意义

目前，煤基制油产业的技术水平仍有较高的改进空间，煤基制油技术可以作为服务于国家战略的“技术储备”。但是，煤基制油的经济成本与环境成本过高，大规模推进煤基制油产业的发展存在非常大的经济与环境风险。

煤炭企业进行煤制油项目产业化，为我国提供一个“战略石油储备库”，有助于化解石油对外依存度过高的风险。但由于煤炭同为不可再生资源，其市场化前景仍不明朗，可在加大相关领域科研投入的同时慎重进行产业化选择。

为适度控制煤基制油产业发展规模及保护已有煤化工项目的运行，应建立适当的市场准入机制和配套可促进产业发展的优惠政策；为体现税收的公平性，国家相关税务部门对煤制油企业进行审核、认定后，可对煤制油产品实行“免征消费税”的税收政策。

总而言之，应谨慎布局煤基制油产业，加大煤基制油技术的研发力度。

第六节　隆基山西光伏项目分析

一、情况介绍

（一）基本情况

1. 隆基广灵 30 兆瓦光伏扶贫电站

隆基广灵 30 兆瓦光伏扶贫电站位于山西省广灵县裴家洼村后的山地之上，需要通过干涸的河道、崎岖的山路才能抵达项目厂址。从空中俯瞰，电站宛如一条充满无限生机的长龙，横跨十几公里的多个山脊，为山西能源转型后的能源供应及当地的脱贫致富提供着不竭动力。

项目采用“光伏+扶贫+林业”的创新解决方案，组件全部采用隆基乐叶高效单晶组件并配套技术融合的高效逆变器、光伏支架等配套设备，助力实现最优系统发电效率。在实现清洁能源输出的同时，发电与中药材、灌木林业相结合，形成林光互补等生态互补建设模式。该项目拓宽了当地村民的收入来源，实现了土地生态经济效益的最大化，带动了农业农村经济持续健康发展。

隆基广灵 30 兆瓦光伏扶贫电站年平均发电量为 3886.1 万千瓦时，相当于每年节约标准煤 1.24 万吨，二氧化碳、二氧化硫和烟尘的排放量能分别有效减少 31 600 吨、0.72 吨和 0.11 吨。在运营后的 20 年中，该电站每年拿出 300 万元用于当地的脱贫工作，通过持续 20 年的资金支持，帮助 1000 户建档立卡的贫困户实现彻底脱贫，为广灵打赢脱贫攻坚战和建设美丽乡村奠定了坚实的基础。

2. 隆基大同 30 兆瓦光伏扶贫电站

隆基大同 30 兆瓦光伏扶贫电站位于大同县石仁村，建设场地为山地地貌，应用“光伏+山地+扶贫”综合解决方案，项目全部采用隆基乐叶高效单晶组件并配套技术融合的高效逆变器、光伏支架等配套设备，实现系统发电效率的最优表现。

由于隆基大同 30 兆瓦光伏扶贫电站与隆基广灵 30 兆瓦光伏扶贫电站规模相仿，在项目建成后，预计年发电量也为 3886.1 万千瓦时，相当于每年节约标准煤 1.24 万吨，能够有效减少多种大气污染物的排放，其中也将减少二氧化碳排放 31 600 吨、二氧化硫 0.72 吨、烟尘 0.11 吨，具有很强的环保示范作用。

据介绍，隆基大同 30 兆瓦光伏电站，每年将拿出 300 万元用于当地的脱贫工作，通过持续 20 年的资金支持，帮助 1000 户贫困户实现彻底脱贫；同时，项目还为当地的税收、就业提供强有力的支持，为大同打赢脱贫攻坚战和建设美丽乡村奠定了坚实的基础。

3. 隆基长治黎城县 250 兆瓦技术领跑项目

隆基长治黎城县 250 兆瓦技术领跑项目位于山西省长治市黎城县境内，覆盖黎城县洪井乡、黎侯镇、程家山乡等乡镇，总装机容量为 250 兆瓦，于 2019 年 6 月 30 日投入运营。项目充分利用黎城的自然、资源环境，采用最新的“隆基智汇 PRO+”解决方案，组件选用业内最新的单晶 P 型 PERC 叠片双面组件，转换效率达到 20.66%，充分保障技术和产品的领先优势；同时以系统化思维深度整合了双面组件专用逆变器、智能跟踪支架、储能等先进技术和设备，实现系统效率的最优表现，最大限度提升发电量。

项目在进行光伏电站建设的同时，还结合黎城当地生态林业与生态观光旅游资源综合开发了“光伏+”模式，实现“光伏+林业+扶贫+旅游”四位一体，打造既能满足基本的发电需求，又集观光旅游、技术展示、精准扶贫于一体的高科技光伏发电技术领跑者示范项目。

通过系统模拟软件的长期发电量数据测试及跟踪，以“隆基 PERC 双面叠片组件+平单轴跟踪支架”为核心的隆基智汇 PRO+解决方案相比“固定支架+双面组件”的常规配置，发电量综合提升超过 22%，单日最高发电量最高提升超过 81%；年均发电量达到 3.6 亿千瓦时，节约标准煤 264 万吨、减少二氧化碳排放 671 万吨，带来显著的经济效益和生态环境效益，对于推动光伏行业技术进步，促进产业转型升级，实现绿色低碳发展具有重要示范推广意义。

（二）项目的主要特点[41-43]

1. 资金保障有利

在项目立项时，利用隆基清洁能源的技术影响力，与多家合作伙伴共同开发项目，根据在项目中占股比例共同担负项目建设的费用。

在项目建设前，利用隆基绿能科技股份有限公司（以下简称隆基股份）总部的影响力，与多家商业银行联系，承诺为项目提供全额贷款承诺，为项目建设期资金提供了有力保障。

在项目建设期内，利用隆基股份的票据池，开具较低利率的银行承兑汇票，不仅能够作为银行贷款资金的有效保障，还能有效降低工程造价。

2. 建设手续完整准确

在项目前期，隆基股份根据公司在山西建设多个项目的经验，与当地的各级政府对项目的各项手续，如国土、林业、环保、水土保持等提前进行沟通及对接，确保项目实施前各项手续的完整性及准确性，减少项目建设时的设计变更，从而降低项目建设成本。

3. 优化设计方案

由于山西平整的国土未利用地非常稀缺，因而大部分的光伏电站均建设在山地上，为进一步降低建设成本，隆基股份在项目设计及选址时，采用 Helios 3D 建模分析，批量布置光伏方阵、自动计算最佳倾角、进行复杂地形分析，实现优化设计。此外，根据场址的地形地貌，结合隆基 PERC 双面组件，实现正反两面同时发电，节约了土地资源，提升了光伏电站的发电量，项目获得更大收益。

4. 智能运维、联合运维

由于项目场址地块较为分散，其中多为山地和沟壑，巡检周期较长，安全管控难度较高。为了提高光伏电站的发电量及运维水平，隆基股份采用智能运维和联合运维的方式。

智能运维即采用大数据对光伏电站的运行状况进行远程监控及实时监控，提前预判及远程定位故障、科学地制订清洗计划，从而减少运维人员的巡检次数、减少因故障造成的发电量损失、制定最合适的清洗周期。

联合运维即对项目场址相距不是很远的电站，采用一套运维人员对多个电站进行统一运维，减少人员数量，节约成本。

5. 光伏扶贫

项目在建成之后，每年会拿出部分经费用于当地的脱贫工作，通过持续 20 年的资金支持，帮助贫困户实现彻底脱贫。同时，在光伏电站进行除草、清洗等工作时，用工人员优先考虑贫困户，增加了贫困户的收入，为山西打赢脱贫攻坚战和建设美丽乡村奠定坚实的基础。

（三）项目面临的困境

（1）建设条件方面，由于项目所在地多为山地和沟壑，地形复杂等特点，电缆敷设及架空线路路径长，线损比较大；另外，由于地形影响，部分组串存在被阴影遮挡的风险。

（2）体制方面，2018 年 4 月，国家能源局和国务院扶贫开发领导小组办公室联合印发的《光伏扶贫电站管理办法》指出，光伏扶贫电站不得负债建设，企业不得投资入股。地方政府将是未来光伏扶贫电站建设主体，限制了光伏扶贫规模的增长速度。

二、对本书的借鉴意义

（一）推广“林光互补”和“农光互补”模式

由于在山中选址时，国土未利用地大部分会被林业用地或者基本农田所覆盖，因而存在找地难、找大面积的地更难的特点。因此，建议政府能够制定更宽泛的“林光互补”和“农光互补”政策，使光伏建设时可利用的林业不局限在灌木林地、宜林地、无立木林地等属性内；当基本农田年降雨量、产量、收益低于某个标准值时，可允许企业采用“农光互补”的方案建设光伏电站，使“光照+土地”资源能够得到更充分的利用，当地居民和政府更充分地获益。

（二）在保证光伏消纳的基础上，制订区域光伏发电建设规划，推动光伏行业高质量发展

弃光限电、土地问题、融资成本、送出费用是制约实现国内光伏平价上网的“四座大山”，光伏行业的发展长期依赖于政府补贴。在粗放型增长模式下，疯狂追求数量的增长和规模的叠加，年度装机规模增长过快，无法保证行业的高质量发展。补贴退坡之年还没到，年度可再生资源附加收取的总额就已远远低于年度光伏补贴总额，补贴需求将快速超出资金供给，造成光伏发电补贴没法按时支付，而在“去杠杆、去补贴和通货紧缩”的大背景下，粗放式光伏发展显然已经无法持续。同时，与火电、水电、核电乃至风电相比，光伏发电的单位规模产出相对偏弱，低能量密度的特点决定了其规模效益需要密集的资本和土地空间作为支撑，会受到来自土地、环境、空间、消纳等方面的深层次约束，采取有力措施减少非技术成本已成为当务之急。以光伏消纳为基础，制订区域光伏有序建设规划，推动光伏行业高质量发展，在保持一定速度增长的同时，还能兼顾高质量，装机规模增长可控，行业良性发展。

第七节　河北省沽源风电制氢综合利用示范项目分析

一、情况介绍

2014～2019年，全国各地不断出现弃风、弃电现象。国家能源局公开数据显示，仅2016年，全国弃风电量达到497×10^8千瓦时，弃风率仅西部地区高达20%。沽源县地处河北省张家口市，具有得天独厚的风力资源，风能利用具有面积大、风速大、风时长且稳定的特点，也是弃风现象较为突出地区之一。为响应国家能源战略，在局部地区建立创新示范区，建设张家口可再生能源示范区、开展沽源县风电制氢综合项目是河北科学发展的重要内容。沽源县选择利用剩余风电制氢的方案积极推进弃风治理的进展。

沽源县紧紧依托丰富的新能源资源，积极打造“新型能源示范县”。通过大规模开发应用可再生能源，带动示范区内外信息产业、智能电网、新能源汽车、新材料、现代服务业等新兴产业发展，促进河北省经济转型升级和绿色低碳发展。推动沽源县风电制氢综合项目是深化能源体制改革、推动能源革命的生动实践。目前，这项世界最大的风电制氢综合利用示范项目已经全部并网发电，该氢站于2016年9月中旬开工建设，项目总投资20.3亿万元，采用从麦克菲公司引进的4兆瓦风电制氢装置的技术设计方案和整套生产设备。项目包括200兆瓦风力发电、10兆瓦电解水制氢系统、氢气综合利用系统3个部分，是国内首个风电制氢工业应用项目，同时也是全球最大容量的风电制氢工程。

该项目成功入选2018中央预算内投资计划，获得中央预算专项补助资金3850万元，刷新了新能源业务板块获得政府专项资金支持的记录。2019年3月15日，该项目的全程建筑物结构、全程修建物装饰装修已完工，制氢设备已全部安装就位，制氢系统管道完成95%，下一步将对设备进行调试。该项目使用的风电预测技术，可对风电数据进行实时的监测、采集与上传，助力风电场提高运行效率、降低运维成本。项目建成后，一部分氢气用于工业生产，降低工业制氢产业中煤炭、天然气等化石能源消耗量；另一部分将在氢能源动力汽车产业具备发展条件时，用于建设配套加氢站网络，支持河北省清洁能源汽车的发展。开展此项目，有利于河北省抓住新科技革命和新能源快速发展的机遇，破解可再生能源的深层次矛盾，探索可再生能源市场化发展和创新驱动发展的新机制。项目后续将建设制氢、加氢等氢能基础设施，引领河北省氢能产业上下游发展，以氢能公共交通、氢能综合利用为载体，构建以氢能技术科研、氢能产业综合利用与示范推广为一体的产业发展模式（图3.2）。当地政府将加大政策和资金投入，加快开通张家口—北京带宽100Gbps直达光路，建设张北大数据中心示范项目，形成可再生能源综合利用产业链，将示范区可再生能源推广应用与产业结构升级结合起来。

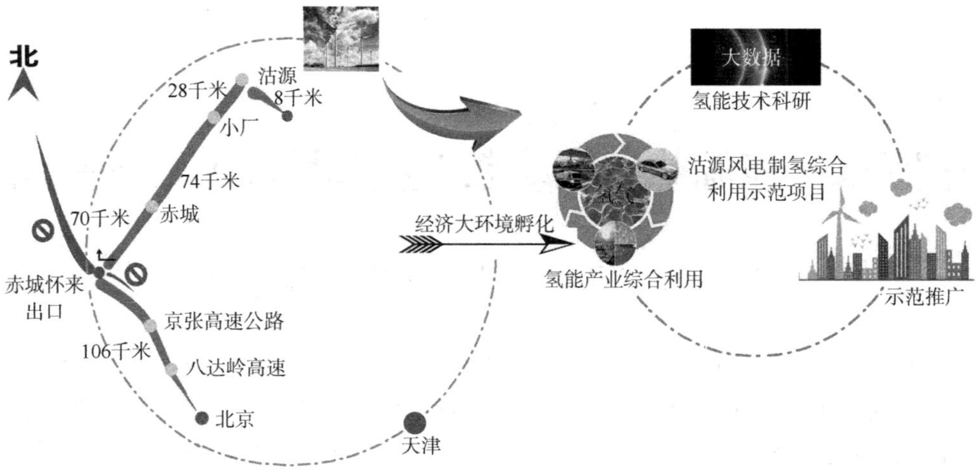

图 3.2　河北省沽源风电制氢综合利用项目示意图

二、对本书的借鉴意义

该项目可有效解决大面积弃风问题，破解河北省风电产业发展瓶颈。项目相关负责人表示，项目建成后，可形成每年制氢 1752 万标准立方米的生产能力，不仅对探索本地风电消纳具有十分重要的意义，而且对其他城市解决弃风消纳问题也具有示范作用。东北老工业基地同样属于风力资源丰富和弃风现象突出的代表之一，可借鉴河北省沽源风电制氢综合利用项目的成果，积极探索出本地弃风消纳的路径。从该项目顺利开展的经验来看，主要有以下几点可供借鉴[44-46]。

（1）该项目凸显了制氢项目技术先进性、创新示范性，项目经济效益得到切实提高，深入制氢产业，抢占氢能产业市场先机。

（2）该项目定位立足本地优势，依托“京津冀”经济圈，打造沽源风电制氢特色化发展，助力氢能产业上下游集成化发展。

（3）政府大力投入基础设施建设，为综合项目提供多方面保证。积极招商引资，联合多家企业和机构共同布局氢能产业。

第四章　能源革命推动老工业基地转型发展战略

第一节　老工业基地能源革命内涵

2014 年 6 月 13 日，习近平总书记主持召开中央财经领导小组第六次会议，研究我国能源安全战略。习近平同志提出了推动能源生产和消费革命的五点要求：“推动能源消费革命，抑制不合理能源消费；推动能源供给革命，建立多元供应体系；推动能源技术革命，带动产业升级；推动能源体制革命，打通能源发展快车道；全方位加强国际合作，实现开放条件下能源安全。”[3]

十九大报告提出，“推进能源生产和消费革命，构建清洁低碳、安全高效的能源体系”①。国家能源革命的内涵要求能源消费将持续增长，绿色低碳成为能源发展方向，能源体制不断健全完善，能源国际合作水平持续提高。

东北老工业基地能源结构以高碳化石能源为主，化石能源资源日趋枯竭，生态环境问题严重，可再生能源利用受到限制。因此，东北老工业基地能源革命首先要使能源结构由高碳转为低碳；其次，能源产业由低附加值转变为高附加值；最后，能源企业由单一能源形态开发利用向多元方向深度调整。

山西老工业基地能源结构严重依赖煤炭资源，生态环境问题日益严重，可再生能源开发和利用水平不高，社会经济发展缺乏动力。因此，山西老工业基地能源革命首先要在保障能源绿色清洁、高效开发基础上实现转型发展；其次，下大决心调整产业结构，实现多元发展；最后，能源企业应当起到带头示范作用，引领社会经济协同发展。

根据东北和山西老工业基地能源经济社会发展现状和能源转型需求，本书提出了老工业基地能源革命内涵（图 4.1）。

在能源革命内涵的基础上，老工业基地能源革命内涵体现在能源消费革命、能源供给革命、能源技术革命、能源体制革命及能源国际合作等方面。

①习近平：决胜全面建成小康社会 夺取新时代中国特色社会主义伟大胜利——在中国共产党第十九次全国代表大会上的报告，http://www.gov.cn/zhuanti/2017-10/27/content_5234876.htm[2017-10-28]。

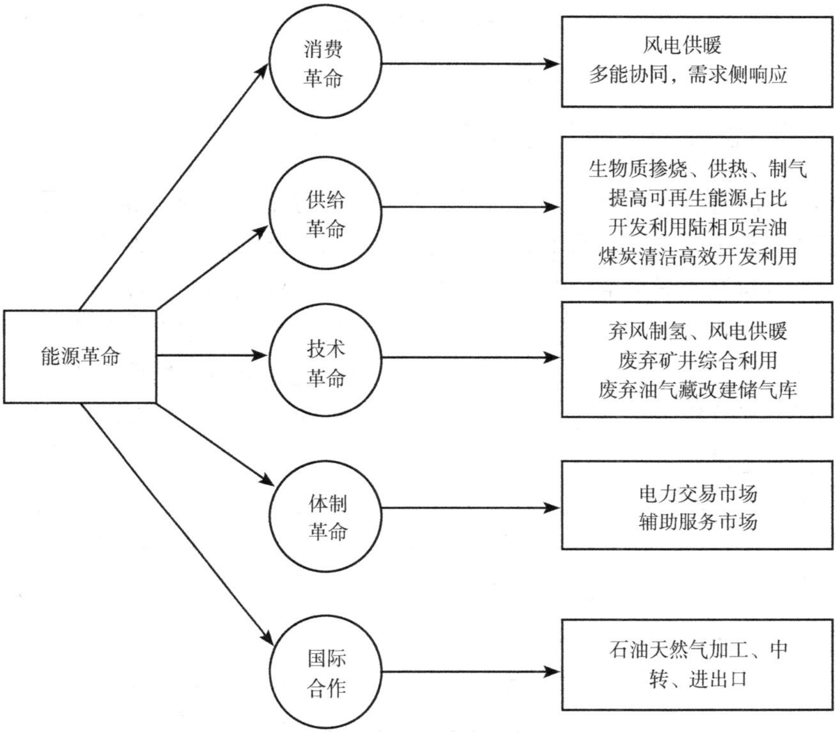

图 4.1　老工业基地能源革命内涵

一、东北老工业基地能源革命内涵

（1）能源消费革命：对能源消费结构进行根本性调整，通过科学实施清洁能源供暖、多能协同、梯级利用、需求侧管理，调整能源结构、提升能源利用效率、提升能源利用水平。

（2）能源供给革命：逐步提高可再生能源占比、加快陆相页岩油开发利用产业化进程、加强煤炭清洁高效开发利用、开展生物质掺烧和多元化利用，逐步形成安全可持续的能源结构格局和供给体系。

（3）能源技术革命：促进能源与现代信息技术深度融合，着重关注陆相页岩油开采、弃风制氢、风电供暖、废弃矿井资源化利用、废弃油气藏改建储气库等关键技术的研发攻关。

（4）能源体制革命：充分发挥市场配置资源的决定性作用和政府的资源配置、政策支持作用，建立健全电力交易市场、辅助服务市场等机制，注重发展观念的转变和人才机制的健全。

（5）能源国际合作：利用东北地区区位优势，积极参与“一带一路”国际能源合作，大力推动能源市场、装备、技术和服务互联互通，建成油气进出口枢纽。

二、山西老工业基地能源革命内涵

在能源革命内涵的基础上，山西老工业基地能源革命内涵体现在能源消费革命、能源供给革命、能源技术革命、能源体制革命及能源国际合作等方面。

（1）在山西能源消费革命方面，实质是能源消费结构的根本性调整，需要对高耗能产业和产能过剩行业实行能源消费总量控制约束，通过煤炭等量或减量替代工程、煤改气（电）工程和节能优先工程，全面提升城乡优质用煤水平，从根本上抑制不合理消费，大幅提升能源利用效率，促进全社会消费观的转变和资源节约型社会的建设。

（2）在山西能源供给革命方面，逐步提高煤炭先进产能占比，大力推进绿色矿山和生态环境治理，建立世界最清洁的煤电体系。大力发展清洁能源，大幅增加生产供应，加快新能源开发利用产业化进程，形成多轮驱动、安全可持续的能源供给体系（图 4.2）。

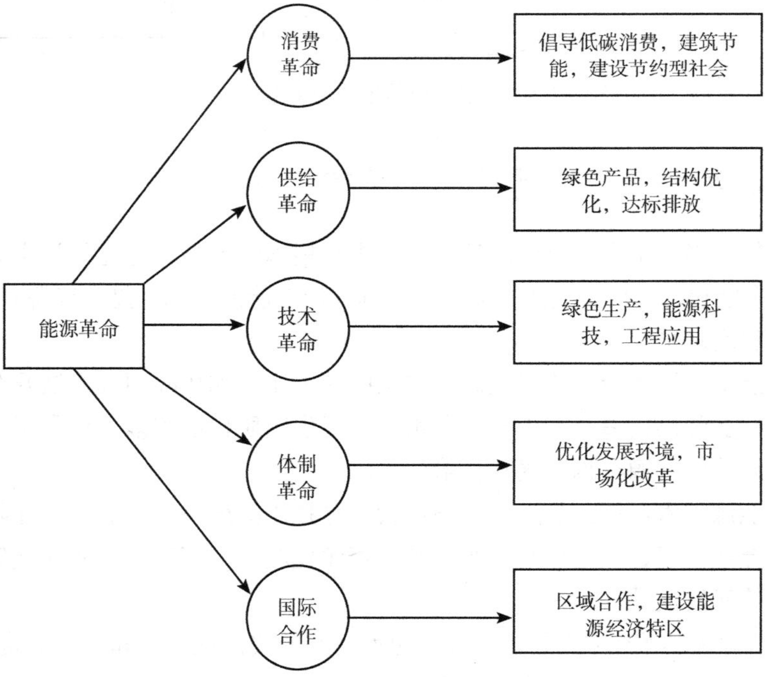

图 4.2　山西老工业基地能源革命举措

（3）在山西能源技术革命方面，要以能源技术创新推动工业结构优化与经济转型，这是加快山西省产业转型升级的内在动力。要促进能源与现代信息技术深度融合，推动能源生产管理模式变革，培育能源发展的新产业、新业态。要以绿色低碳为主攻方向，提升能源领域自主创新能力，抢占能源科技发展的制高点。

（4）在山西能源体制革命方面，本质是破除体制机制藩篱，实现能源产业发展方式变革，这是加快产业转型升级的根本保障。要充分发挥市场配置资源的决定性作用、更好地发挥政府作用，还原能源商品属性，创新能源调控机制，加快形成统一开放、竞争有序的市场体系，打通能源发展快车道。

（5）在山西能源国际合作方面，重点是深度融入国家区域重大战略，拓展能源转型升级的新空间，这是加快产业转型升级的重要途径。积极参与“一带一路”国际能源合作，大力推动能源装备、技术和服务“走出去”。深度融入国家区域重大战略，打造京津冀、雄安新区、环渤海清洁能源保障基地。

第二节 能源革命推动老工业基地转型发展的战略定位及目标

一、能源革命推动老工业基地转型发展的战略定位

山西老工业基地和东北老工业基地（蒙东、东北地区）具有共同的转型需求，即提高能源安全保障能力、提升经济发展质量和效益、增加基本公共服务供给、建设生态文明，大力调整能源结构，实现能源生产和消费方式根本性转变，构建清洁低碳、安全高效的能源体系。而与此同时，山西、东北两大老工业基地又存在差异化的资源禀赋和转型发展基础：山西煤炭资源储备丰富，具有配套完整的煤炭工业体系和能力，控制煤炭产能和清洁高效利用已成为发展重点；东北则具有发展非常规油气、生物质、风能、太阳能的优势资源条件，同时地处东北亚核心区，具备显著的区位优势、配套完善的工业体系和重大装备制造能力，有利于推进能源通道建设和装备产业发展。

山西老工业基地和东北老工业基地的转型发展既具有共通点，又具有差异性，因此需要从整体和部分的层次来阐述能源革命推动老工业基地转型发展的战略定位[47-51]。

（一）老工业基地能源革命的整体战略定位

山西、蒙东和东北地区要开发合作、协同创新，建设国家级的化石能源生产和可再生能源开发基地，打造“山西—蒙东—东北”能源经济特区，一方面增强区域内能源、技术、产业和人才优势互补，协同发展，包括依托山西、蒙东的能源资源优势，向东北地区供应能源；依托东北地区的制造、技术优势，向山西、

蒙东地区提供装备；立足能源经济特区，辐射京津冀，为区域提供高质量清洁能源。另一方面使能源经济特区形成有机整体开展国际合作和人才交流，依托东北地区的区位优势，将东北地区打造为能源经济特区对外合作的窗口，如从俄罗斯进口油气，向朝鲜等国家和地区输出装备。

（二）不同特征的老工业基地能源革命的战略定位

在“山西—蒙东—东北”能源经济特区的框架下，山西老工业基地和东北老工业基地还应找准各自定位。

山西要找准“煤+火电+绿电+绿电装备+绿电装备技术服务商”的转型方向，实现传统煤炭和煤电企业的“绿电+绿电技术服务+技术装备”产业模式的升级开发，做大煤炭经济和可再生能源产业经济。将山西打造成煤炭绿色开发、循环及高效利用、清洁转化、减量化消费的引领者，煤炭、煤层气、新能源与储能多元互补的能源供给基地，煤炭、新能源、储能技术协同创新基地，统一开放、竞争有序的能源供需市场体系示范区。

蒙东和东北地区要发挥油气和可再生能源资源禀赋优势，延伸传统石油产业链，加快推进陆相页岩油革命，建立可再生能源的多元化消纳机制，做大油气产业经济和可再生能源产业经济。将东北老工业基地打造为生物质能源综合利用基地，可再生能源多元化利用基地，油气中转、加工、储备基地，陆相页岩油开发基地，清洁煤电生产基地，成为国家能源转型发展的示范区。

二、能源革命推动老工业基地转型发展的战略目标

（一）东北老工业基地战略目标

为了应对东北老工业基地能源结构高碳和化石能源资源逐渐枯竭的挑战，东北地区应积极探索发展页岩油技术，推进风、光资源综合开发利用，推进生物质掺烧利用实施，提高可再生能源占比的同时，持续加强增强产业结构调整，由低附加值能源产业向高附加值产业转变，东北地区 2035 年和 2050 年一次能源消费总量将分别达到 5.8 亿吨标准煤和 5.5 亿吨标准煤（图 4.3），煤炭、油气和非化石能源占比将从 2035 年的 5∶3∶2 转为 2050 年的 4∶3∶3，将与国家 2050 年能源革命的结构目标一致。在发电侧，通过大力开发风光资源，东北地区 2035 年、2050 年预计发电量分别为 7002 亿千瓦时和 7020 亿千瓦时，其中风、光发电量合计分别为 1888 亿千瓦时和 3122 亿千瓦时，火电发电占比将会持续下降，2035 年和 2050 年分别下降到 58%和 37%（图 4.4）。

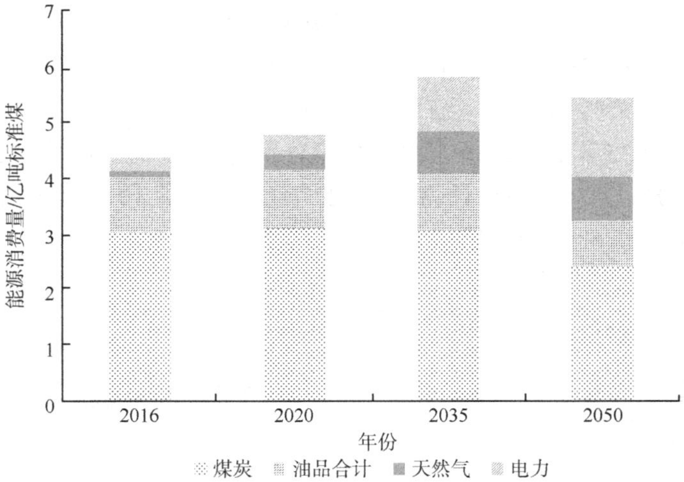

图 4.3　东北地区一次能源消费构成目标

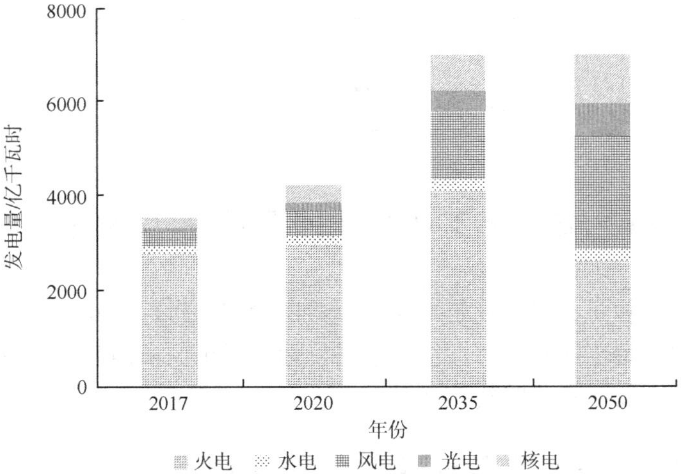

图 4.4　东北地区发电量构成目标

（二）山西老工业基地战略目标

（1）煤炭产量目标：山西省 2016 年的煤炭产量为 8.32 亿吨，山西省 2020 年的煤炭产量为 10.63 亿吨，根据自上而下的可计算一般均衡模型得到山西省 2035 年和 2050 年的煤炭产量预计分别为 8.24 亿吨和 7.46 亿吨。有序推动煤炭去产能和科学产能的减量置换，淘汰落后产能，增加科学产能占比，2035 年达到 85%，2050 年达到 100%；推动煤炭产业的科技化、绿色化、集聚化和煤电一体化发展。

（2）提高非化石能源发电占比：根据我国节能减排的目标、山西的战略定位和资源禀赋，运用“自下而上”的综合能源优化模型（the integrated MARKAL-EFOM system，TIMES）进行模拟，研究结果显示非化石能源发电占比 2035 年达 22%，2050 年达 32%。具体非化石能源电力发展目标如下。

山西地区 2035 年、2050 年预计发电量分别为 5808 亿千瓦时和 5988 亿千瓦时，其中风、光、水发电量合计分别为 1277 亿千瓦时和 1915 亿千瓦时，火电占比将下降到 78%和 68%（图 4.5）。

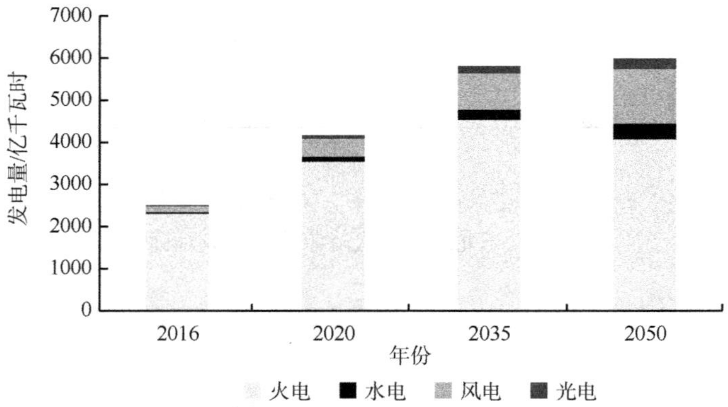

图 4.5　山西地区发电量构成目标

第三节　老工业基地能源革命实施路线

根据对山西和东北老工业基地能源革命内涵的剖析，以及对战略定位和目标的研判，在战略定位的基础上，结合战略目标，提出了山西和东北老工业基地能源革命的重要方向的实施路线图[52-59]。

一、东北老工业基地能源革命实施路线图

（一）页岩油技术发展判断与实施路线

中国主要含油气盆地中页岩油有利区主要分布于鄂尔多斯、松辽等大型坳陷盆地，占比超过 85%。页岩油原位转化技术如能实现重大突破，将可以为中国原油产量 2 亿吨稳产甚至上产提供重要支撑。若页岩油能为大庆油田上产做出重大贡献，大庆油田原油产量将有望实现止跌回升，甚至有可能实现再创辉煌。松辽盆地嫩江组页岩油具备原位转化的基本条件，嫩江组主要发育富有机质、中低成熟页岩油，开发利用潜力值得期待，青山口组一段主要发育中高成熟页岩油，有开发利用潜力，但有机质丰度相对较低，需进一步研究评价。初步评价嫩江组技术可采资源量：石油 120 亿～150 亿吨，天然气 6 万亿～7 万亿立方米。综合评价，

嫩江组页岩油具备原位转化基本条件，资源潜力较大，青山口组有机碳含量偏低，但成熟度较高，可以采用水平井体积压裂技术探索潜力（图 4.6）。

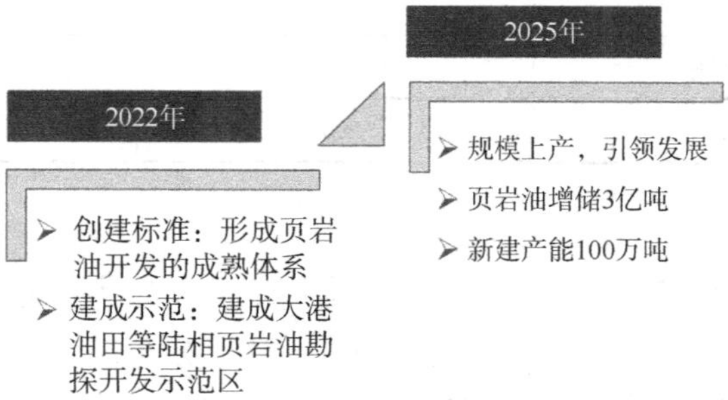

图 4.6 陆相页岩油开发利用实施路线

（二）生物质掺烧利用实施路线

目标：2050 年生物质利用率达 20%，折合约 2000 万吨标准煤。以 320 克标准煤/千瓦时煤耗计算，每年可发电 625 亿千瓦时，以发电小时 3500 小时计算，相当于 1786 万千瓦的发电装机（表 4.1）。

表 4.1 东北地区生物质电力需求预测

类别	2035 年	2050 年
电力需求/亿千瓦时	7002	7020
火电量/亿千瓦时	4075	2606
火电装机/万千瓦	9476	6060
生物质发电量及其在火电中的比重	312.5（7.7%）	625（24%）

路线图：2025 年实现大规模推广，2035 年约 8%的火电来源于生物质发电，2050 年生物质发电占火电比重 24%。

（三）风、光资源利用发展路线

目标：2050 年风、光资源利用率分别达到 70%和 50%，发电量之和占电力需求 44%（表 4.2）。

表 4.2 东北地区风、光发电量预测

类别	2035 年	2050 年
电力需求/亿千瓦时	7002	7020
风电量/亿千瓦时	1488（21%）	2392（34%）

续表

类别	2035 年	2050 年
风电装机/万千瓦	6200	9200
光电量/亿千瓦时	400（6%）	720（10%）
光伏装机/万千瓦	5000	8000

注：括号内数据为相应类型电量占电力需求比例

路线图：大力开发利用风、光资源，增加风电和光伏发电装机比例和发电量比例，降低或消除弃风弃光现象，因地制宜地建设分布式光伏和风电，2035 年，风电和光伏的装机容量分别达到 6200 万千瓦和 5000 万千瓦；2050 年，风电和光伏的装机容量分别达到 9200 万千瓦和 8000 万千瓦。

（四）废弃矿井可再生能源开发利用及地下空间利用实施路线

目标：2050 年，“重点开发区”“光伏+”项目比例达到 60%，“地热+”项目比例达到 50%，可再生能源为主、分布式电源多元互补、抽水（压缩空气）蓄能为缓冲的废弃矿井新能源微电网技术体系趋于成熟（表 4.3）。

表 4.3　废弃矿井可再生能源开发利用实施路线

类别	2035 年	2050 年
总体	“重点开发区”得到全面综合利用，大力推进	全面综合利用，全面推进
光伏项目	“重点开发区”建设“光伏+”项目比例达到 30%	“重点开发区”建设“光伏+”项目比例达到 60%
地热项目	“重点开发区”建设“地热+”项目比例达到 20%	“重点开发区”建设“地热+”项目比例达到 50%
多能互补项目	在示范工程基础上，在条件适宜地区进行推广，可再生能源为主、分布式电源多元互补、抽水蓄能为缓冲的废弃矿井新能源微电网技术体系逐步建立	可再生能源为主、分布式电源多元互补、抽水（压缩空气）蓄能为缓冲的废弃矿井新能源微电网技术体系趋于成熟。随着科技进步及基础设施完善，废弃矿井光伏和地热“潜在开发区”可再生资源得到有效利用

时间表：2035 年，在“重点开发区”大力推进废弃矿井可再生能源商业化运营；2050 年，全面推进废弃矿井可再生能源开发利用模式。

废弃矿井地下空间利用实施路线目标：2035 年，天然气储存量达到 40 亿立方米以上；2050 年，天然气储存量达到 100 亿立方米以上（图 4.7）。

路线图：形成废弃矿井地下空间建设储库的评价优选方法，启动示范工程，建立国家战略储气库，改进和创新废弃矿井地下空间存储技术，加快储气库经营市场化改革，使之达到国际领先水平，天然气存储量大幅增加，2050 年，废弃矿井地下空间利用技术实现全面突破，天然气存储量较 2020 年增加 10 倍以上。

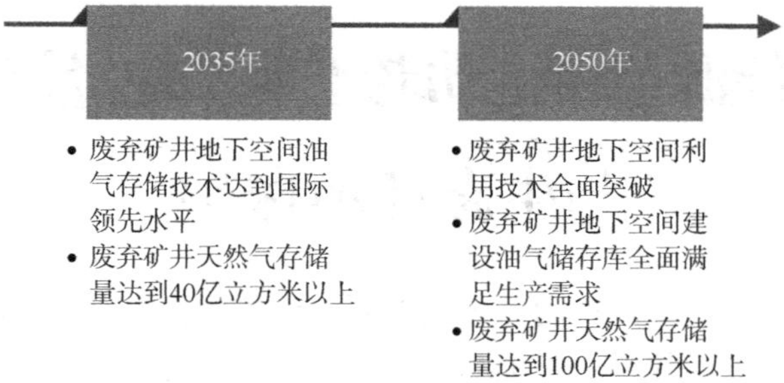

图 4.7　废弃矿井地下空间利用实施路线

二、山西老工业基地能源革命实施路线图

（一）煤炭产业转型路线

2025 年前，在 2020 年基础上再化解淘汰煤炭落后产能 2 亿吨，减量置换增加煤炭科学产能 2 亿吨，煤制油技术、煤制精细化学品技术开展规模化应用示范，制定煤层气勘探开发、矿井水开发利用技术导则。

2035 年，煤炭落后产能基本淘汰完毕，产量控制在 8.24 亿吨左右，电煤在煤炭消费中比例下降，煤制油技术、煤制精细化学品技术开展商业化运行生产，煤层气勘探开发、矿井水开发利用开展技术应用。

（二）可再生能源产业规模化发展路线

2025 年前，完成已建风电、太阳能光伏的完全消纳，研究发展生物质能、地热能的可行性，开展可再生能源大基地的规划，将可再生能源装备制造业规模在 2020 年基础上提升 20%。

2035 年，风电、光伏及生物质能等发电量为 1277 亿千瓦时，山西建成 7～10 个清洁能源示范基地，清洁能源的比例提升到 30%以上。

（三）煤炭产业与可再生能源产业协调发展路线

2025 年前，完成废弃煤炭井巷抽水蓄能的试点工作，总结废弃煤炭井巷抽水储能的经验。

2035 年，废弃煤炭井巷抽水储能基地初具规模，与风电及光伏等新能源形成风光储基地。

第五章　能源革命推动老工业基地经济社会发展与生态环境保护

着力发展可再生能源，推动可再生能源逐步替代传统化石能源，建设绿色、低碳、安全的现代能源体系，是推动老工业基地经济发展和环境保护的有力抓手和核心所在。本节对以发展可再生能源为核心的老工业基地能源革命对经济社会发展和生态环境保护的作用开展评估和测算。为此，本书提出由直接效益、间接效益、直接间接耦合效益构成的效果评估框架和量化评估方法，分别在东北老工业基地和山西老工业基地能源革命内涵、目标及实施路线下，多方面、多层次地分析能源革命对东北老工业基地和山西老工业基地经济社会发展和生态环境保护的推动作用。

第一节　能源革命综合效益评估框架和方法

一、评估框架

能源革命对老工业基地经济社会发展和生态环境保护的推动作用主要体现在：建设现代能源体系，减少污染物排放（直接效益）；带动传统产业转型升级，推动新型产业发展（间接效益）；促进宏观经济发展，拉动就业，改善生态环境（综合效益）[58]。

根据上述内容，本书提出了直接效益、间接效益、直接间接耦合效益相结合的能源革命综合效益评估框架（图 5.1）。

二、评估方法

利用情景分析方法，设置可再生能源联合储能技术发展情景，在基准情景（无储能）及储能成本使得可再生能源系统成本分别增加 25%、50%、75%和100%共 5 种模拟情景下，评估可再生能源系统对其他产业系统带来的经济增长效益。

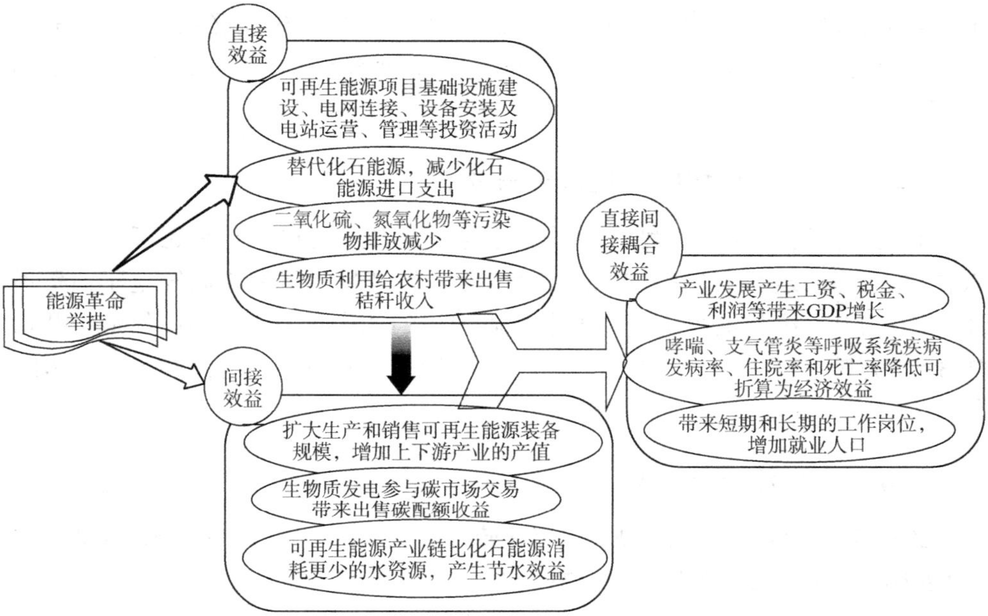

图 5.1 能源革命综合效益评估框架

生态环境保护方面，由于煤炭燃烧消费具有较大的污染物排放强度，其生产消费全过程对水体、土地和空气等环境介质都会造成影响和破坏，煤炭消费量的削减，会直接降低这种生态环境影响和破坏程度。本书以碳排放为例，同样运用情景分析方法，核算可再生能源联合储能发展的低碳效应。在基准情景（无储能）及储能成本使得可再生能源系统成本分别增加 25%、50%、75%和 100%共 5 种模拟情景下，评估与基准情景相比，可再生能源系统发展带来的碳减排效应。

第二节 能源革命对东北老工业基地的综合效益

一、直接效益

（一）带动投资增长

可再生能源项目基础设施建设、电网连接、设备安装及电站运营、管理等投资活动都将促进投资增长。根据东北老工业基地能源转型目标和实施路线，2020 至 2035 年东北老工业基地可再生能源装机容量增加超过 8200 万千瓦。据此测算，仅发展可再生能源一项，将新增建设投资累计约 3900 亿元。

（二）减少能源进口、提高能源安全

根据东北老工业基地能源转型目标和实施路线，2020～2035 年东北老工业基

地可再生能源年发电量增加 1581 亿千瓦时，相当于替代 0.47 亿吨标准煤，按照东北煤炭进口比例 0.69 和煤炭进口价格 200 元/吨来计算，可减少煤炭进口支出 65 亿元。

（三）促进农民增收、建设美丽乡村

通过生物质的规模化利用，不仅可为广大农民创收，同时还可以带动新农村建设，建设美丽乡村。2020～2035 年，转型目标下生物质发电年消费增加 1350 万吨，按照生物质发电占生物质利用的 40%计算，生物质年消费共增加 3375 万吨，按目前 200～300 元/吨的秸秆价格，农村每年可增收 67.5 亿～101.3 亿元。

（四）减少污染物排放

2035 年，煤炭的替代将减少二氧化硫排放 197.86 万吨，减少氮氧化物排放 172.2 万吨，减少二氧化碳排放 1773 万吨。

二、间接效益

（一）增加上下游产业产值

根据东北老工业基地能源转型目标和实施路线，2020～2035 年东北老工业基地可再生能源发电量的增长将带动上下游产业 12.3 万人就业；按照每千瓦时电拉动可再生能源上下游产业产值 0.66 元，2035 年可再生能源上下游产业带动地区生产总值约 1039 亿元。

（二）燃煤电厂掺烧生物质产生的经济效益

由于生物质燃烧净零碳排放，燃煤电厂掺烧生物质或 100%燃用生物质，可获得出售碳排放配额收益，2035 年，转型目标下年生物质发电消耗折合标准煤约 667 万吨，可减少二氧化碳排放 1773 万吨，参考发达国家碳市场交易价格（150 元/吨），可产生约 26.6 亿元碳交易收益。

（三）显著节约水资源

煤电全生命周期耗水 33.3 米^3/万千瓦时，风电全生命周期耗水 5.6 米^3/万千瓦时，光电全生命周期耗水 16.9 米^3/万千瓦时，相比于煤电，2035 年风光发电分别带来 2.23 亿立方米、0.76 亿立方米的节水量。

三、直接间接耦合效益

（一）提升人民健康水平

污染物减排降低了呼吸系统疾病的发病率和死亡率，可量化为经济效益，按照可再生能源平均环境和健康效益系数为 0.33 元/千瓦时计算，2035 年东北地区发展可再生能源发电相当于产生 437.02 亿元的经济效益。

（二）带动全社会就业

可再生能源平均每发电 1 亿千瓦时，直接和间接产业发展需要约 52 人工作一年，可再生能源发展可直接和间接带动 11.5 万人就业。

（三）带动地区生产总值增长

按照每发电 1 千瓦时直接和间接带动产值 0.29 元计算，2020～2035 年，转型目标下可再生能源发电将拉动约 455 亿元地区生产总值增长，占当年东北三省地区生产总值的 0.3%。

第三节　能源革命对山西老工业基地的综合效益

为了定量描述能源革命对山西老工业基地的影响，本书分别模拟了山西省储能和可再生能源协同发展及煤炭去产能的综合效益。

一、经济效益

（一）山西省储能与可再生能源协同发展的经济效益

随着储能成本的不断降低，储能与可再生能源行业终端需求引起的总经济影响是逐渐提高的，虽然在实施储能的初期，储能与可再生能源行业终端需求引起的总经济影响是低于基准情景的，但随着储能成本的不断降低，储能与可再生能源行业终端需求引起的总经济影响最终会高于基准情景。这一发展与预期相符，因为随着储能成本的不断降低，可再生能源电力的价格是不断下降的，其引发的经济影响是不断提高的，最终高于不实施储能的情形（表 5.1）。

表 5.1　储能与可再生能源行业终端需求引起的经济影响　　单位：万元

行业	基准情景	储能 2	储能 1.75	储能 1.5	储能 1.25
可再生能源发电	217 538.30	216 268.50	216 798.30	217 328.00	217 857.60
煤炭采选产品	59 544.050	59 228.140	59 365.280	59 502.38	59 639.44

续表

行业	基准情景	储能 2	储能 1.75	储能 1.5	储能 1.25
火电	54 147.04	54 121.41	54 181.20	54 240.62	54 299.69
金融	35 538.08	35 327.25	35 414.63	35 502.01	35 589.40
金属冶炼和压延加工品	33 785.99	33 673.00	33 734.37	33 795.64	33 856.80
交通运输、仓储和邮政	11 295.32	11 240.68	11 265.38	11 290.07	11 314.75
住宿和餐饮	6 804.47	6 766.04	6 782.29	6 798.54	6 814.78
石油、炼焦产品和核燃料加工品	6 788.53	6 755.38	6 770.31	6 785.22	6 800.13
燃气生产和供应	6 293.98	6 269.92	6 282.1	6 294.265	6 306.413
金属矿采选产品	6 057.251	6 032.669	6 044.746	6 056.809	6 068.857
电气机械和器材	5 850.548	5 815.138	5 829.697	5 844.258	5 858.82
信息传输、软件和信息技术服务	5 779.421	5 754.275	5 766.217	5 778.149	5 790.069
交通运输设备	5 212.5	5 182.136	5 194.814	5 207.491	5 220.168
批发和零售	5 029.522	5 001.616	5 013.504	5 025.389	5 037.272
化学产品	4 459.031	4 443.875	4 452.035	4 460.181	4 468.314
专用设备	4 361.419	4 336.11	4 346.693	4 357.276	4 367.859
通信设备、计算机和其他电子设备	3 945.391	3 921.664	3 931.444	3 941.225	3 951.007
非金属矿物制品	3 462.336	3 448.617	3 455.437	3 462.25	3 469.054
通用设备	3 027.178	3 009.618	3 016.962	3 024.306	3 031.649
金属制品、机械和设备修理服务	2 346.795	2 333.218	2 338.903	2 344.587	2 350.271
建筑	2 187.262	2 174.454	2 179.79	2 185.127	2 190.463
造纸印刷和文教体育用品	2 059.303	2 047.402	2 052.387	2 057.372	2 062.356
仪器仪表	1 991.7	1 979.545	1 984.527	1 989.509	1 994.491
房地产	1 982.762	1 971.103	1 975.953	1 980.802	1 985.651
居民服务、修理和其他服务	1 636.106	1 626.993	1 630.869	1 634.744	1 638.618
金属制品	1 530.201	1 522.254	1 525.736	1 529.217	1 532.696
租赁和商务服务	1 523.639	1 514.842	1 518.528	1 522.214	1 525.9
食品和烟草	1 498.843	1 490.46	1 494.019	1 497.577	1 501.135
农林牧渔产品和服务	1 395.075	1 387.14	1 390.486	1 393.831	1 397.176
木材加工品和家具	816.673	811.748 1	813.775 8	815.803 9	817.832
石油和天然气开采产品	725.917 1	722.871 5	724.343 5	725.814 1	727.283
其他制造产品	632.071 3	628.601 6	630.086 3	631.570 7	633.054 6
纺织服装鞋帽皮革羽绒及其制品	578.189 5	574.771 5	576.190 1	577.608 8	579.027 6
非金属矿和其他矿采选产品	235.654 7	234.330 5	234.891 8	235.452 7	236.013 7
教育	176.086 4	175.184	175.581 6	175.979	176.376 3
纺织品	172.306 3	171.434 4	171.820 8	172.206 9	172.593
文化、体育和娱乐	142.618 7	141.789 3	142.135 8	142.482 4	142.828 9

续表

行业	基准情景	储能 2	储能 1.75	储能 1.5	储能 1.25
水的生产和供应	126.322 6	126.067 3	126.255 2	126.442 5	126.629 6
废品废料	82.236 88	82.426 36	82.460 34	82.493 58	82.526 07
科学研究和技术服务	64.025 82	63.660 87	63.814 6	63.968 32	64.122 04
公共管理、社会保障和社会组织	51.189 68	50.910 12	51.029 99	51.149 84	51.269 68
水利、环境和公共设施管理	42.741 77	42.534 82	42.628 33	42.721 78	42.815 22
卫生和社会工作	0.692 342	0.688 739	0.690 316	0.691 893	0.693 47

注：储能 1.25、储能 1.5、储能 1.75 和储能 2 依次表示储能成本使得可再生能源系统成本分别增加 25%、50%、75%和 100%

直接经济效益：可再生能源系统联合储能技术后，最直接的经济效益是带来可再生能源系统的经济增长，随着储能技术发展和储能价格下降，这种直接经济效益就愈加明显。

间接经济效益：可再生能源系统联合储能系统后，对上下游其他产业链，如金融、金属冶炼与加工等产业带来明显的经济增长效益。

（二）山西省煤炭去产能的经济效益

表 5.2 显示了宏观社会经济变量受到的影响。根据表 5.2 的分析结果，比较分析情景Ⅰ、情景Ⅱ、情景Ⅲ和情景Ⅳ在不同年份中的各宏观社会经济变量的变化。情景Ⅰ、情景Ⅱ、情景Ⅲ和情景Ⅳ分别对应煤炭产量下降 23.3%、煤炭产量下降 33.3%、煤炭行业减少投资 23.3%、煤炭行业减少投资 33.3%的情景。

表 5.2 煤炭去产能对宏观社会经济变量的影响

情景	年份	地区生产总值	财政收入	居民收入	居民福利	居民总消费	政府总消费	居民储蓄	政府储蓄
Ⅰ（去产量 23.3%）	2017	0.663%	−2.902%	1.437%	7.731%	4.724%	−1.895%	1.437%	−2.902%
	2020	0.751%	−2.822%	1.526%	8.060%	5.045%	−1.595%	1.526%	−2.822%
	2025	0.735%	−2.843%	1.511%	8.554%	5.529%	−1.144%	1.511%	−2.843%
	2030	0.720%	−2.863%	1.498%	8.986%	5.952%	−0.749%	1.498%	−2.863%
	2035	0.709%	−2.879%	1.487%	9.547%	6.323%	−0.403%	1.487%	−2.879%
Ⅱ（去产量 33.3%）	2017	0.625%	−1.868%	1.167%	5.359%	3.290%	−1.302%	1.167%	−1.868%
	2020	0.695%	−1.803%	1.238%	5.584%	3.511%	−1.091%	1.238%	−1.803%
	2025	0.683%	−1.819%	1.227%	5.921%	3.844%	−0.773%	1.227%	−1.819%
	2030	0.672%	−1.833%	1.216%	6.217%	4.135%	−0.495%	1.216%	−1.833%
	2035	0.664%	−1.845%	1.209%	6.601%	4.391%	−0.251%	1.209%	−1.845%

续表

情景	年份	地区生产总值	财政收入	居民收入	居民福利	居民总消费	政府总消费	居民储蓄	政府储蓄
Ⅲ（减少投资23.3%）	2017	–0.008%	–0.005%	–0.009%	–0.073%	–0.066%	–0.007%	–0.009%	–0.005%
	2020	–0.008%	–0.005%	–0.009%	–0.069%	–0.063%	–0.012%	–0.009%	–0.005%
	2025	–0.003%	0.000%	–0.004%	–0.062%	–0.057%	–0.019%	–0.004%	0.000%
	2030	–0.005%	–0.003%	–0.005%	–0.056%	–0.052%	–0.022%	–0.005%	–0.003%
	2035	–0.005%	–0.004%	–0.006%	–0.060%	–0.047%	–0.024%	–0.006%	–0.004%
Ⅳ（减少投资33.3%）	2017	–0.012%	–0.007%	–0.013%	–0.099%	–0.089%	–0.010%	–0.013%	–0.007%
	2020	–0.011%	–0.007%	–0.012%	–0.093%	–0.085%	–0.017%	–0.012%	–0.007%
	2025	–0.012%	–0.008%	–0.012%	–0.084%	–0.077%	–0.025%	–0.012%	–0.008%
	2030	–0.012%	–0.009%	–0.012%	–0.075%	–0.070%	–0.030%	–0.012%	–0.009%
	2035	–0.012%	–0.009%	–0.012%	–0.081%	–0.064%	–0.033%	–0.012%	–0.009%

煤炭行业规模大，属于“纳税大户”，煤炭去产能是否会引起政府财政收入的锐减，是一个值得关注的问题。相对于基准情景，情景Ⅰ和情景Ⅱ下由于煤炭总产量的减少，政府的财政收入均有所下降，如在2030年，财政收入的变化幅度在情景Ⅰ和情景Ⅱ下分别为–2.863%和–1.833%。其原因首先可能是在山西这样一个资源依赖型地区，市场在短时期内很难达到有效率的水平，减少煤炭行业的总产量必将大幅减少地方政府的财政收入；其次，煤炭行业的税源有所减少，税收的增长动力不足，并且在政策带动下煤炭企业扩大再生产受到限制，不利于财政收入的增长；最后，煤炭行业去产量会带来落后企业的破产倒闭及冗余职工的就业安置问题，需要政府进行财政支持，使得政府开支及福利性补贴增加，导致政府的财政收入减少。从变动趋势看，财政收入的减少幅度在逐年降低。在情景Ⅲ和情景Ⅳ下，政府的财政收入也有一定程度的减少，影响程度主要围绕于–0.009%～0。可见，减少煤炭行业固定资产投资对政府财政收入带来的负向冲击很小。政府财政收入的减少，一定程度上削弱了政府对经济的干预程度，降低了企业家从事寻租并引发腐败行为的风险，从制度弱化传导机制方面看，煤炭去产能政策的实施有助于破解资源诅咒问题。四种情景下的政府总消费变化幅度均为负值，原因是，政府财政收入有所减少，进而就会减少对商品的消费量。政府储蓄是由政府收入乘以储蓄比例得到的，而政府财政收入构成了政府收入，所以政府财政收入的降低带来了政府储蓄的同比例下降，即在四种情景下，政府储蓄与政府财政收入的变化幅度相同。

对于居民来说，收入稳定是民生之源，在当下全球经济普遍低迷、中国经济下行压力较大的形势下，实施煤炭行业去产能战略更需要兼顾稳定居民收入的目标。相对基准情景，情景Ⅰ和情景Ⅱ下的居民收入变化幅度均为正值，原因可能是煤炭去产量的情况下，煤炭行业对服务业（主要指旅游业）发展的挤出效应降低，旅游业有了广阔的发展空间，从而增加了居民的收入。而在情景Ⅲ和情景Ⅳ下，居民收入的变化幅度为负值，且煤炭行业固定资产投资减少的幅度越大，居民收入的下降幅度越大。情景Ⅰ和情景Ⅱ下的居民总消费、居民储蓄和居民福利的变动幅度均为正值，但随着煤炭去产量程度的加深而不断减少。居民收入提高导致居民的需求增加，增加了居民的总消费。而居民储蓄在居民收入中占有固定的比例，居民收入的增加使得居民储蓄同比例增加。而煤炭去产能政策的实施却带来了居民储蓄率的上升，进而增加人们对未来的投资需求，对经济增长产生了关键拉动作用，进而有利于破解资源诅咒。居民福利与居民消费同方向变动，因此，居民福利也随着居民收入的增加而增加。从发展趋势来看，在相同程度的情景Ⅰ和情景Ⅱ下，居民收入、居民总消费及居民福利均呈增加趋势。资源诅咒在社会福利方面表现为会降低居民福利，而从以上分析可以看到，以去产量衡量的煤炭去产能政策的实施带来了居民福利的增加，可见该政策有助于破解煤炭资源型地区的资源诅咒，减少资源诅咒对社会福利的降低程度。而在情景Ⅲ和情景Ⅳ下，居民总消费、居民储蓄和居民福利的变动幅度均为负值。在相同年份内，煤炭去固定资产投资的幅度越大，对居民消费、居民储蓄及居民福利的负面冲击越大，但下降幅度基本围绕在 0.004%至 0.099%，说明减少煤炭行业的固定资产投资会对居民带来一系列负面影响，但造成的影响幅度都比较小。

地区生产总值在不同类型的煤炭去产能政策下有不同的变化幅度（表 5.2）。在情景Ⅰ和情景Ⅱ下，地区生产总值的变化幅度都是正值，如 2030 年地区生产总值的变化幅度分别为 0.720%和 0.672%。其原因可能是，减少煤炭行业的总产量在削减煤炭行业产出的同时却增加了其他行业的产出，并且煤炭行业产出的减少幅度远远小于非煤行业产出的增加幅度，从而带来了经济的发展，地区生产总值的增长幅度表现为正值。而在情景Ⅲ和情景Ⅳ下，地区生产总值的变化幅度为负值，且去产能的程度越高，地区生产总值下降的幅度越大。但通过比较两种政策情景，可以发现，煤炭去产量对宏观经济变量带来的冲击要远远大于煤炭去固定资产投资带来的冲击。尽管后者对宏观经济变量产生了负面影响，但影响幅度很小，而前者对政府财政收入带来的负向冲击却很大。因此在进行政策选择时，要权衡各经济变量的优先顺序，进而采取更有利于社会发展的政策措施。资源诅咒从长期来看表现为经济增长缓慢，甚至是近乎停滞的，而以煤炭去产量衡量的煤炭去产能政策却带来了经济的平稳快速增长，一定程度上对破解资源诅咒起到了积极效果。

二、环境效益

（一）山西省储能与可再生能源协同发展的环境效益

从模拟情景上来看：与基准情景相比，储能情景的实施会导致储能与可再生能源行业终端需求引起的总碳排放提高，并且随着储能成本的不断提高，储能与可再生能源行业终端需求引起的总碳排放是逐渐降低的，甚至低于基准情景下的二氧化碳排放量（表 5.3）。这是由于储能和可再生能源电力的实施初期，尤其是储能设备的建造一定会产生大量的二氧化碳。随着需要用于储能的可再生能源电力数量不断提高，虽然技术或其他因素导致单位储能成本是不断降低的，但总的储能成本是不断提高的，从而其引发的二氧化碳排放是不断下降的。

表 5.3　储能与可再生能源行业终端需求引起的总环境影响 单位：吨二氧化碳

行业	基准情景	储能 1.25	储能 1.5	储能 1.75	储能 2
可再生能源发电	116 922.500	117 296.800	117 011.600	116 726.400	116 508.300
火电	29 102.950	29 235.510	29 203.710	29 171.720	29 156.310
煤炭采选产品	7 817.894	7 840.377	7 822.359	7 804.336	7 789.604
石油、炼焦产品和核燃料加工品	4 380.583	4 390.774	4 381.149	4 371.518	4 362.778
金属冶炼和压延加工品	3 106.199	3 123.205	3 117.563	3 111.911	3 109.730
燃气生产和供应	2 676.897	2 684.818	2 679.646	2 674.467	2 670.154
非金属矿物制品	853.202	856.125	854.446	852.764	851.501
化学产品	504.010	506.355	505.433	504.509	504.014
交通运输、仓储和邮政	383.176	385.378	384.537	383.696	383.365
信息传输、软件和信息技术服务	278.858	280.548	279.969	279.391	279.202
金融	164.867	165.799	165.393	164.985	164.808
金属矿采选产品	100.336	100.937	100.737	100.535	100.470
住宿和餐饮	67.024 6	67.409	67.248	67.087	67.020
金属制品	39.306 5	39.534	39.444	39.354	39.319
批发和零售	30.520	30.696	30.623	30.551	30.521
金属制品、机械和设备修理服务	30.344	30.488	30.413	30.340	30.299
造纸印刷和文教体育用品	27.244	27.349	27.282	27.216	27.171
建筑	24.871	24.970	24.909	24.848	24.808
交通运输设备	22.478 83	22.587	22.532	22.477	22.447
废品废料	22.194 89	22.344	22.335	22.326	22.340
通用设备	22.052	22.173	22.119	22.065	22.041
电气机械和器材	17.480	17.577	17.533	17.489	17.469
专用设备	16.955	17.033	16.991	16.950	16.926

续表

行业	基准情景	储能 1.25	储能 1.5	储能 1.75	储能 2
食品和烟草	16.278	16.348	16.308	16.270	16.246
水的生产和供应	13.930	14.023	14.002	13.981	13.980
石油和天然气开采产品	12.931	12.995	12.969	12.942	12.929
居民服务、修理和其他服务	12.635	12.705	12.674	12.644	12.631
通信设备、计算机和其他电子设备	10.443	10.502	10.476	10.450	10.438
农林牧渔产品和服务	6.584	6.612	6.596	6.580	6.570
非金属矿和其他矿采选产品	5.935	5.950	5.936	5.922	5.909
租赁和商务服务	5.033	5.061	5.049	5.036	5.031
教育	4.840	4.867	4.856	4.845	4.840
房地产	4.758	4.785	4.774	4.762	4.757
纺织品	4.152	4.173	4.163	4.154	4.149
水利、环境和公共设施管理	1.954	1.963	1.959	1.955	1.952
仪器仪表	1.829	1.839	1.835	1.830	1.828
木材加工品和家具	1.020	1.025	1.023	1.020	1.019
其他制造产品	0.878	0.883	0.881	0.879	0.878
科学研究和技术服务	0.856	0.861	0.859	0.857	0.856
文化、体育和娱乐	0.772	0.776	0.774	0.772	0.771
公共管理、社会保障和社会组织	0.767	0.772	0.770	0.768	0.768
纺织服装鞋帽皮革羽绒及其制品	0.769	0.772	0.770	0.768	0.767
卫生和社会工作	0.008	0.008	0.008	0.008	0.008

从储能与可再生能源行业终端需求引起的总经济和环境影响的情景对比分析上来看，存在一个储能情景使得储能与可再生能源行业终端需求引起的总经济和环境影响达到共赢。

（二）山西省煤炭去产能的环境效益

二氧化碳和二氧化硫总量的变化幅度均表现为负值，并且在相同年限内两者的下降幅度却随着煤炭去产能程度的加深而减小（表 5.4）。此外，在相同程度的煤炭去产能程度下，二氧化碳和二氧化硫总量的下降幅度却在逐年降低。这种现象说明单靠煤炭去产能政策虽然能缓解当前出现的环境问题，但其产生的效果却在逐年减弱。通过比较两种政策情景可知，相同程度下，煤炭去产量政策带来的减排效果要好于煤炭去固定资产投资政策带来的减排效果。

表 5.4　煤炭去产能的总环境影响

类别	年份	情景 Ⅰ	情景 Ⅱ	情景 Ⅲ	情景 Ⅳ
总二氧化硫	2017	−1.831%	−1.211%	−0.339%	−0.458%
	2020	−1.549%	−1.013%	−0.296%	−0.400%
	2025	−1.126%	−0.714%	−0.237%	−0.320%
	2030	−0.755%	−0.453%	−0.191%	−0.257%
	2035	−0.430%	−0.223%	−0.154%	−0.208%
总二氧化碳	2017	−1.426%	−0.936%	−0.331%	−0.447%
	2020	−1.143%	−0.737%	−0.289%	−0.391%
	2025	−0.717%	−0.437%	−0.232%	−0.313%
	2030	−0.344%	−0.174%	−0.187%	−0.252%
	2035	−0.017%	−0.056%	−0.151%	−0.203%

（三）山西省能源革命的情景分析

图 5.2 为国际四种典型的能源转型模式，分别为渐进转型、更多能源、逆全球化、快速转型四种，四种转型模式的相关特征如表 5.5 所示。四种模式中，渐进转型模式和更多能源两种情景模式下，能源消费年均增长速度超过 1%；逆全球化情景模式下能源消费年均增长速度为 0.8%；快速转型情景模式下能源消费年均增长速度为负增长，且煤炭消费占比只有 6.58%。因此分析山西目前的发展现状，不宜采取逆全球化和快速转型情景，故考虑渐进转型与更多能源两种情景模式进行预测。

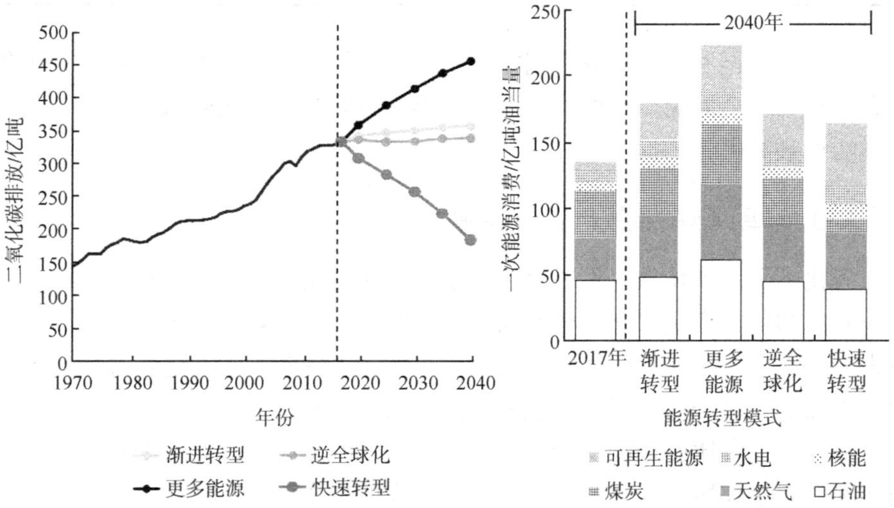

（a）二氧化碳排放　　（b）一次能源消费（分能源各类）

图 5.2　国际四种典型能源转型模式

表 5.5　四种转型模式的基本要求与能源体系

四种情景	国际战略基本要求	能源体系
渐进转型	2040 年，能源需求增长约 1/3	按照年均 1.1%的能源消费增长速度，其中石油占比 27.2%，天然气占比 25.84%，煤炭占比 20.29%，核能占比 4.31%，水电占比 6.97%，可再生能源占比 15.38%
	85%的新增能源消费都来自低碳能源	
	可再生能源占比从 1%增长到 10%需要约 25 年	
	来自能源的碳排放到 2040 年增长近 10%	
更多能源	人均能源小于 100 吉焦的人口比例降到 1/3，这意味着额外 25%的能源需求	按照年均 2%的能源消费增长速度，其中石油占比 27.2%，天然气占比 25.84%，煤炭占比 20.29%，核能占比 4.31%，水电占比 6.97%，可再生能源占比 15.38%
	能源需求将多出约 65%，比“渐进转型”情景所需能源多 25%	
逆全球化	若与贸易纠纷升级相关的开放程度和贸易量同时减少，全球 GDP 和能源需求会降低	按照年均 0.8%的能源消费增长速度，其中石油占比 26.25%，天然气占比 25.29%，煤炭占比 20.5%，核能占比 4.51%，水电占比 7.29%，可再生能源占比 16.17%
	能源净出口国受到的影响最大，其油气出口增幅会明显放缓	
快速转型	促使 2040 年碳排放下降约 45%，大约 2/3 的减排量来自电力行业的去碳化	按照年均–2%的能源消费增长速度，其中石油占比 23.46%，天然气占比 26.5%，煤炭占比 6.58%，核能占比 6.18%，水电占比 8.56%，可再生能源占比 28.73%
	可再生能源占比从 1%增长到 10%仅需 15 年	

对于渐进转型模式和更多能源两种情景模式，其能源体系中不同能源所占比例相同，其中，石油占比 27.2%，天然气占比 25.84%，煤炭占比 20.29%，核能占比 4.31%，水电占比 6.97%，可再生能源占比 15.38%。两种模式唯一的差距在于更多能源模式下，能源消费年均增长速度为 2%，明显大于渐进转型模式下的 1.1%年均增长率。

中国未来能源发展中煤炭依然占据主力地位，且可再生能源发展速度领先于全球水平，因此，依据 BP①全球统计数据预测，中国 2040～2050 年能源转型体系中石油占比 18%左右，天然气煤气占比 14%左右，煤炭占比 35%左右，核能占比 7%左右，水电占比 9%左右，可再生能源占比 18%左右。依据这一标准及山西省 2017 年能源发展基准数据（表 5.6），进行渐进转型和更多能源两种情景模式下山西未来能源的发展预测。

表 5.6　四种转型模式下的国际标准与中国标准

能源消费结构	2017 年基准发展（能耗 3.38%增速）	渐进转型（能耗 1.1%增速）		更多能源（能耗 2%增速）		逆全球化（能耗 0.8%增速）	快速转型（能耗–2%增速）
		国际标准	中国标准	国际标准	中国标准	国际标准	国际标准
石油	7.64%	27.20%	18.00%	27.20%	18.00%	26.25%	23.46%
天然气煤气	19.1%	25.84%	14.00%	25.84%	14.00%	25.29%	26.50%

①英国石油公司，British Petroleum p.l.c.，简称 BP。

续表

能源消费结构	2017 年基准发展（能耗 3.38%增速）	渐进转型（能耗 1.1%增速）		更多能源（能耗 2%增速）		逆全球化（能耗 0.8%增速）	快速转型（能耗–2%增速）
		国际标准	中国标准	国际标准	中国标准	国际标准	国际标准
煤炭（+电力）	38.88%（+31.28%）	20.29%	35.00%	20.29%	35.00%	20.50%	6.58%
核能	3.1%（不含核能）	4.31%	7.00%	4.31%	7.00%	4.51%	6.18%
水电		6.97%	9.00%	6.97%	9.00%	7.29%	8.56%
可再生能源		15.38%	18.00%	15.38%	18.00%	16.17%	28.73%

1. 渐进转型情景

图 5.3 为基准发展情景下山西省未来能源发展状况图，图 5.4 为渐进转型情景

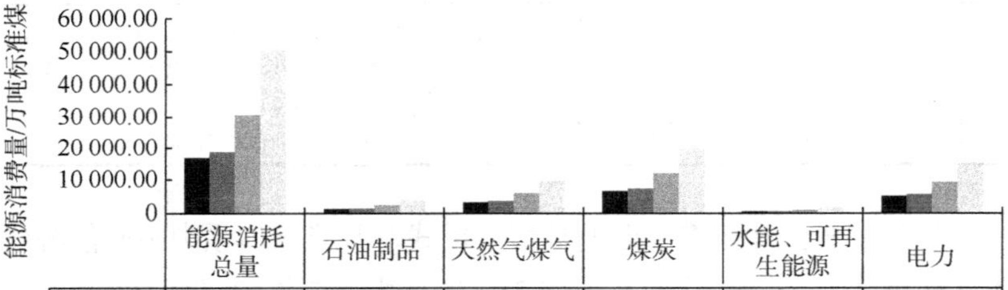

	能源消耗总量	石油制品	天然气煤气	煤炭	水能、可再生能源	电力
2017年	16 836.79	1 285.70	3 216.08	6 546.10	513.52	5 051.04
2020年	18 602.40	1 420.53	3 553.34	7 232.56	567.37	5 580.72
2035年	30 627.87	2 338.82	5 850.38	11 908.04	934.15	9 188.36
2050年	50 427.18	3 850.75	9 632.35	19 605.96	1 538.03	15 128.16

能源消费类型

图 5.3　基准发展情景下山西省未来能源发展状况

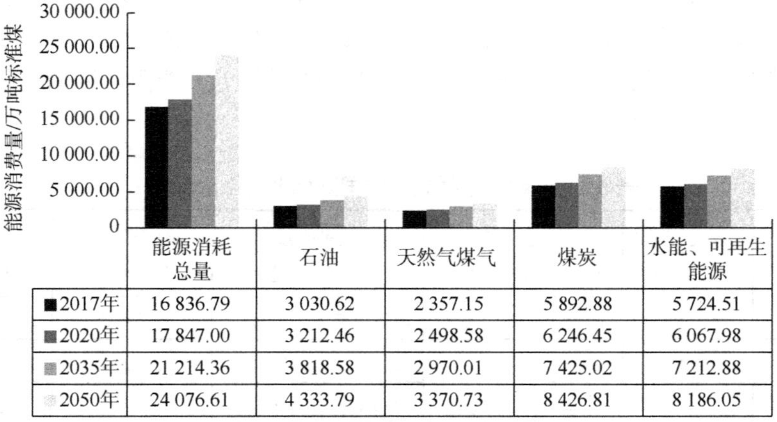

	能源消耗总量	石油	天然气煤气	煤炭	水能、可再生能源
2017年	16 836.79	3 030.62	2 357.15	5 892.88	5 724.51
2020年	17 847.00	3 212.46	2 498.58	6 246.45	6 067.98
2035年	21 214.36	3 818.58	2 970.01	7 425.02	7 212.88
2050年	24 076.61	4 333.79	3 370.73	8 426.81	8 186.05

能源消费类型

图 5.4　渐进转型情景下山西省未来能源发展状况

下山西省未来能源发展状况图，表 5.7 为两种情景模式下石油、天然气煤气、煤炭和可再生能源的差额。可见，渐进转型情景下，山西省未来能源消费中煤炭超额量巨大，减煤难度大；天然气煤气富足，开发潜力大；可再生能源缺口较大。

表 5.7　渐进转型情景与基准发展情景差额比较　　单位：万吨标准煤

年份	总能耗差额	石油差额	天然气煤气差额	煤炭差额（+电力）	可再生能源差额
2020	755.40	−1 701.93	1 054.76	986.11（+5 580.72）	−5 500.61
2035	9 413.51	−1 479.76	2 880.37	4 483.01（+9 188.36）	−6 278.73
2050	26 350.57	−483.04	6261.62	11 179.14（+15 128.16）	−6 648.02

注：差额=基准情景−渐进转型情景，正值表示富足，负值表示缺口

2. 更多能源情景

图 5.5 为更多能源情景下山西省未来能源发展状况图，表 5.8 为更多能源与基准发展两种情景模式下石油、天然气煤气、煤炭和可再生能源的差额。可见，更多能源情景下，山西省未来能源消费中减煤难度较大；天然气煤气较富足；可再生能源缺口大；石油缺口较大。此外，更多能源情景相比渐进转型情景，减能耗、减煤压力小，但可再生能源压力偏大。

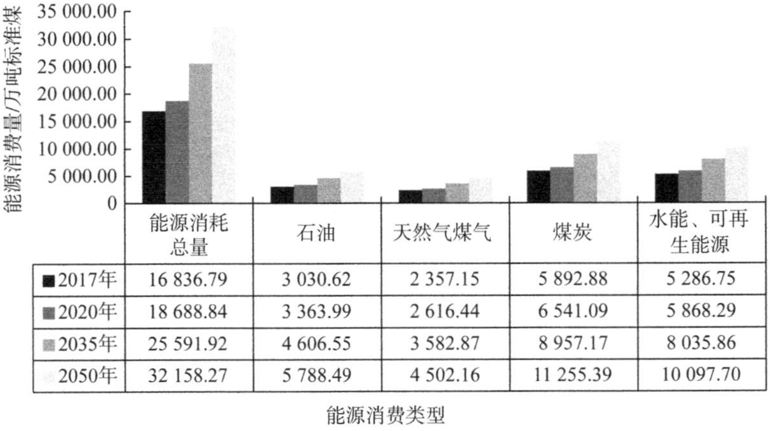

图 5.5　更多能源情景下山西省未来能源发展状况

表 5.8　更多能源情景与基准发展情景差额比较　　单位：万吨标准煤

年份	总能耗差额	石油差额	天然气煤气差额	煤炭差额（+电力）	可再生能源差额
2020	−86.44	−1 943.46	936.90	691.47（+5 580.72）	−5 300.92
2035	5 035.95	−2 267.72	2267.51	2 590.86（+9 188.36）	−7 101.71
2050	18 268.91	−1 937.74	5 130.19	8 350.56（+15 128.16）	−8 559.67

注：差额=基准情景−更多能源情景，正值表示富足，负值表示缺口

由此可见，山西未来能源转型与革命应该采取更多能源战略（图 5.6），即 2017～2050 年保持全省能源消费增长率在 2%，且在 2050 年以前，努力将煤炭消费占比控制在 40%左右（这部分包含更多能源战略中对核能的需求），可再生能源消费占比约 18%，天然气煤气消费占比约 25%。

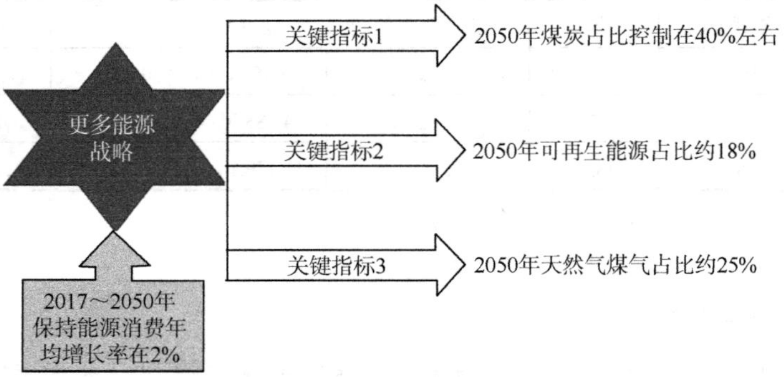

图 5.6　山西省未来发展应采取的能源战略及关键指标

第六章　战略举措及政策建议

第一节　战 略 举 措

一、东北战略举措

（一）推进陆相页岩油革命

东北地区油气资源非常丰富，是中国重要的石油天然气生产基地，在中国能源行业中占据举足轻重的位置。页岩油气将是未来世界油气行业的必然选择，其在能源产业结构中所占的比重将会逐渐增大。中国的沉积盆地演化与地质条件决定了中国是一个页岩油气等非常规油气资源比较丰富的国家。我国页岩油正处在初步探索和局部突破阶段，新理论、新技术、新方法的诞生和发展将开启页岩油革命新时代[60-61]。

在技术路线上我们不能仅利用北美海相页岩油气成功经验来指导我国页岩油的开发，亟须探索适合中国地质背景的陆相页岩油勘探开发技术体系。其中，原位电加热转化开采技术是陆相页岩油规模效益开发利用的关键核心技术。页岩油地下原位转化是利用水平井电加热轻质化技术，持续对埋深300～3000米的富有机质页岩层段加热，使多类有机质发生轻质化转化的物理化学过程，其中重油、沥青等有机物会大规模向轻质油和天然气转化，并将焦炭和二氧化碳等污染物留在地下，对环境保护是有利的。因此，页岩油地下原位加热转化开采，可以实现从高能耗、高污染的“地上炼油厂”模式，发展到优质清洁的“地下炼油厂”模式，从而实现页岩油的清洁高效开发利用。

中国陆相页岩油资源相当丰富，初步评价地下原位加热转化，石油技术可采资源量700×10^8～900×10^8吨，是中国常规石油技术可采资源总量的3～4倍。天然气技术可采资源量60×10^{12}～65×10^{12}立方米，是中国常规天然气资源总量的3倍。基于实验室数据和已有地质资料，中国陆相页岩油资源主要分布在鄂尔多斯、松辽和准噶尔三大坳陷型沉积盆地内，这三大盆地也是中国油气生产的主要油气区。三大盆地页岩油技术可采资源量570×10^8～680×10^8吨，占陆上页岩油技术可采资源总量的80%以上。

页岩油地下原位转化技术突破，将有效解放潜力巨大的页岩油资源的开发利用，保障国内原油长期稳产甚至上产。推动页岩油地下原位加热转化开采技术先在中国开展工业化应用、实现商业化突破，对国内石油稳产上产、技术升级换代等均有具有革命性的战略意义。

未来东北地区页岩油气的工作重点应该集中力量对松辽盆地北部及南部页岩油进行勘探，与松辽盆地中央坳陷带中浅层石油精细勘探相结合，充分利用已有的资料及经验，应用地下原位加热转化等适合于松辽盆地页岩油的勘探技术。在此基础上，对页岩油勘探程度较低的三江等盆地，依据地质特征制定相应的勘探策略，建立页岩油开发示范基地。

在陆相页岩油技术研发方面，相关公司和科研院所需结合各盆地页岩油发育地质条件，主要在地质基础研究（赋存机理、滞留成藏机理、微观孔隙结构、渗流机理、构造保存条件、驱动机理）、资源勘探评价方法、资源开采技术（水平井、分级压裂、原位开采）、工程装备开发（核心装备国产化）等方面加强研究，需要重点关注基础地质理论、地下电加热原位改质和非水压裂等新技术攻关，为我国页岩油勘探开发提供理论指导。

陆相页岩油革命是中国石油工业的一个愿景，如能率先在中国实现页岩油商业开发的突破，不论是对提高中国原油保障能力，还是引领世界石油工业未来发展都具有划时代意义。东北地区应该在这场大潮中争取利用自身优势，发展成为国家的页岩油开发示范基地，为东北老工业基地的振兴贡献力量，助力东北地区能源与经济转型升级。建议东北地区尽早开展陆相页岩油开发利用的可行性研究，尽快开展专项资源开发利用战略研究及规划编制工作，并出台专门政策支持陆相页岩油开发利用的技术、工艺、装备研发。

（二）推动可再生能源多元化利用

（1）发展多能互补技术，促进清洁能源消纳[62]。推广多能互补、建设多能互补工程已成为国家大力推广的能源战略，2016 年发布了《国家发展改革委 国家能源局关于推进多能互补集成优化示范工程建设的实施意见》。对于东北老工业基地而言，虽然具备丰富的风光可再生能源资源，但目前综合利用程度尚不足。应充分利用能源互联网等新型技术，推动能源产业的信息化、智慧化，联合电网企业，在电网侧开展分布式能源管理平台建设，利用多种储能技术和需求侧响应，消纳低谷电、工业余热和弃风弃光，发展多能互补。

（2）推进风电供暖行业发展，增加风电消纳[63]。东北地区作为我国风能资源最丰富的地区之一，主要依靠火电供应调峰，风电消纳问题突出。以吉林省为例，2016 年该地区弃风电量为 29 亿千瓦时，弃风率高达 30%，其中冬季供暖期（1～4 月、11～12 月）弃风总量 20 亿千瓦时，占总弃风量的 68.97%，而此时恰是供热取暖的高峰和用电负荷的低谷时段。利用在低谷时段的富余风电供热能够增加用电负荷，并间接降低热电联产出力下限，是解决风电消纳难题的有效途径。因此，在东北老工业地区选择弃风供暖是一种适用性好、可操作性强的方案。

风电供暖从投资收益、弃风消纳量、环境收益等多方面评估都是非常可观的。从发电、输电、产热、储热、供热全过程来看，供热系统以蓄热的形式实现了储能用能，弱化了风力发电的随机性和间歇性，一定程度提升了电网对风电的接纳能力。目前，风电供热成本虽高于传统燃煤供热，但随着国家能源与减排战略的推进，市场机制作用的充分发挥，交易价格的动态调整，用户侧电能替代积极性的提高，风电供暖将会推广实施。

风电供暖的大规模推广应用主要被风电结构、电网结构、市场结构所制约，合理的调度方式及电价机制可以促进风电的消纳。依托电力市场交易平台，形成“政府+电网公司+风电企业+供热企业”四方协作模式，发挥储热式电锅炉消纳低谷时段风电能力（图 6.1）。在四方协作模式中，政府制定风电供热交易配额和交易指导价（张家口 0.05 元/度），确定符合交易资格的风电企业和供热企业，前期可进行部分电价补贴。电网公司给予 0.1 元/度的优惠输配电价，风电企业与供热企业直接交易，获得发电保障小时数之外的发电配额，供热企业获得优惠供热电价（张家口 0.15 元/度）。最终实现居民电价可承受，电网公司、风电企业、供电企业可盈利状态。

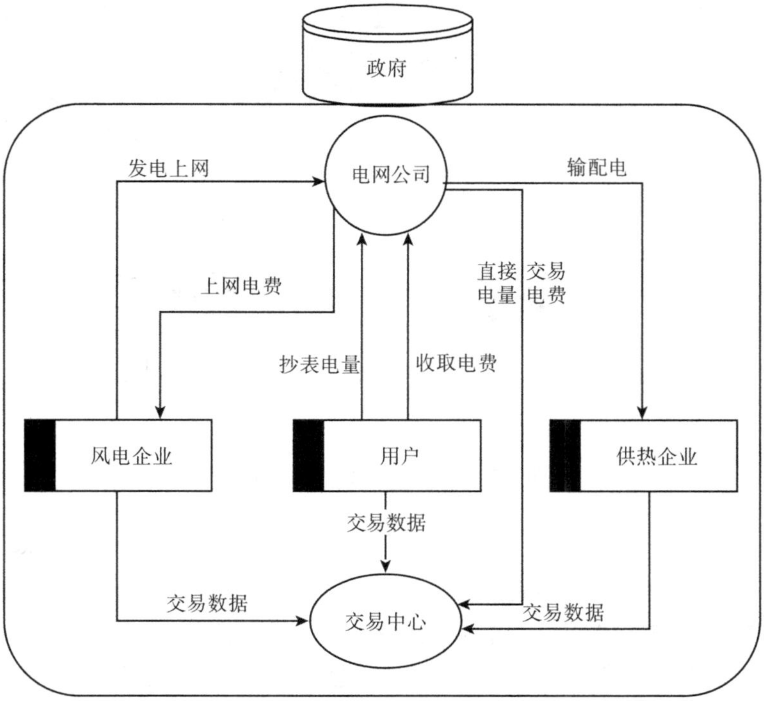

图 6.1　四方协作模式示意图

（3）推进“弃风”制氢和氢能利用产业合作发展。若按照当前不完善的补贴激励政策，仅依靠电采暖形式消纳所有风电，并不能实现这一目标。在保证相互协调的前提下，同时利用储能、“弃风”制氢等技术是很好的选择。根据国际氢能源委员会发布的《氢能源未来发展趋势调研报告》，预计到 2050 年，氢能源需求将是目前的 10 倍。因此，在市场需求量不断增加和制氢技术不断进步的影响下，推进“弃风”制氢和发展氢能利用产业对东北老工业地区能源革命尤为重要。

收集用电低谷时可再生能源产生的剩余电力通过电解水的方式制造氢气，再将生成的氢气注入当地的天然气管道中进行能源的储存，从制氢、储氢、运氢、加氢到氢的应用，形成一条完整的氢工业产业链（图 6.2）。上游制氢将剩余风能转化为电能，通过电解水的方式制氢，可有效消纳结构性过剩的水电、风电；氢的储运主要以液态、气态、固态的形式进行，现阶段液氢储运逐渐成为研发重点；氢的应用主要用于石化工业及以氢燃料电池为主的交通运输业，有效带动新材料、新能源、新能源汽车及氢储存与运输等高端装备制造业快速发展。

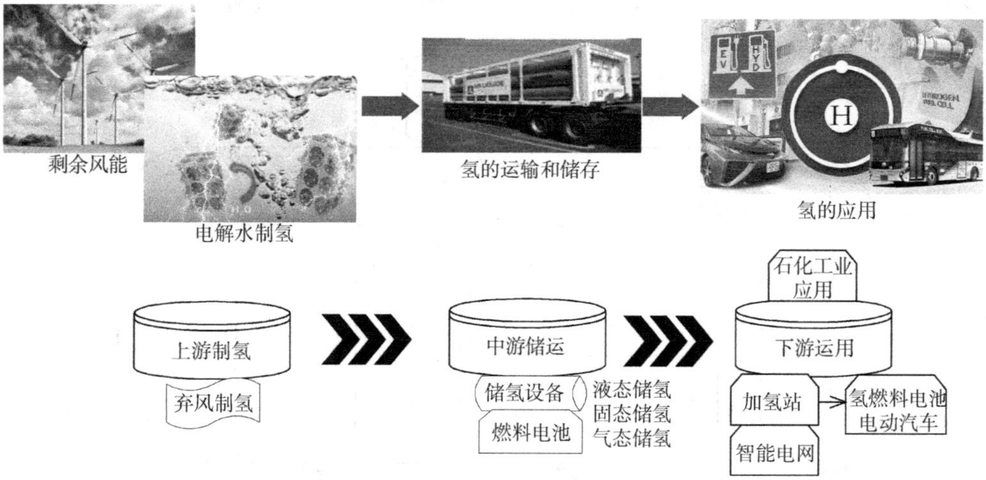

图 6.2　风电制氢产业链示意图

同时，推进风电电解水制氢行业参与电力市场交易，给予电解水制氢产业优惠电价。在风力资源丰富地区（旅顺、新宾）发展风电制氢，应用于附近化工厂和加氢站，构建“风电制氢—氢能利用”产业基地，在试点城市率先推广混合站的建设及氢燃料电池汽车在公共交通方面的应用。加氢站运营需呈现集成化、模块化发展态势，实现加油站、加气站、加氢站三站合一，以及与便利店、与充电桩的混合站并设，为燃料电池汽车的普及提供更多样化的基础设施解决方案。

（4）推进生物质多元化利用，推广生物质供热商业化、规模化发展[64]。在生物质丰富地区，已建成用于产业园区等中小型场合的供热示范工程，基本具备商业化、规模化发展的技术条件（图 6.3）。

 吉林意江南利洋大酒店供热设备	供热面积：2.4 万平方米 燃料：纯木质生物质颗粒 年消耗：500～700 吨
 吉林高新北区职教园区供热锅炉	供热面积：120 万平方米 燃料：生物质颗粒 年消耗：30 000～40 000 吨
 中国第一汽车股份有限公司动能供热项目储料罐	供热面积：300 万平方米调峰供热 燃料：生物质颗粒 年消耗：>100 000 吨

图 6.3 生物质供热案例

（三）推广规模化生物质天然气技术高值、高效利用

创新生物质收集的模式，保障生物质原料的稳定供应。具体而言，大型养殖场采用“能保姆”模式处理回收粪污，大型农场则采用“农保姆”模式协助农业生产，分散化的农户和养殖场则推荐采用产品置换原料的方式（图 6.4）。

推广生物天然气规模化生产和多元利用。生物天然气用于村镇分布式能源站和汽车加气站，沼渣沼液用于生态农业，二氧化碳用于焊接保护气和气体肥料。

1. 燃煤电厂低碳化、智慧化改造

有序推进燃煤电厂生物质掺烧规模化发展，降低碳排放。燃煤电厂生物质耦合改造技术已相对成熟（表 6.1），推广生物质耦合改造“惠而不费”。一方面，燃煤电厂掺烧生物质可以显著降低碳排放，而纯生物质燃烧基本可以实现碳净零

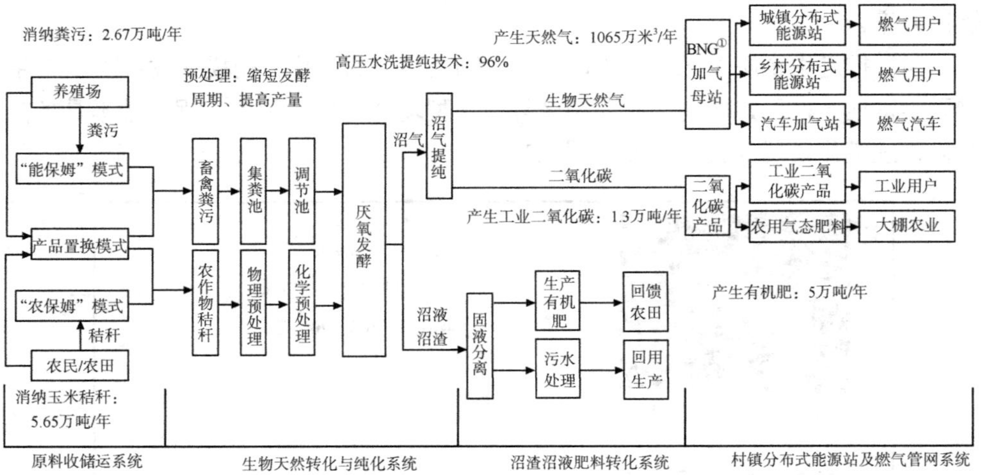

图 6.4　生物天然气项目技术路线

排放；可以最大限度地保留煤电的主要设备，经济性好，而且增加了煤电可靠、稳定和灵活可调性，可以作为可再生能源大规模发电的可靠灵活调度电源。另一方面，与因废弃煤电而发展昂贵的储能设施的双重昂贵的方案相比，更是事半功倍。此外，若再采用二氧化碳捕集和封存，即生物质能结合碳捕集和封存（bioenergy with carbon capture and storage，BECCS），还可以实现负碳排放，使得煤电不仅不再是碳排放的负担，而且成为碳调节器和减碳救星。

表 6.1　燃煤电厂生物质耦合改造技术成熟

项目	煤与生物质耦合方式	生物质混烧比	特点
燃烧侧耦合	（1）同磨混合燃烧：煤与生物质同磨预混	＜5%	可进行多种生物质混烧
	（2）异磨混合燃烧：从附加的生物质磨粉机磨制生物质粉送入煤粉管道直接喷入炉膛	＜10%	可进行多种生物质混烧
	（3）异磨异燃烧器混合燃烧：从附加的生物质磨粉机磨制生物质粉直接喷入附加的生物质燃烧器燃烧	＜20%	可进行多种生物质混烧
	（4）采用生物质先气化后在主锅炉中进行生物质煤气和煤粉混烧	＜50%	可进行多种生物质混烧，但受限于和主锅炉的早期匹配
蒸汽侧耦合	采用生物质专用锅炉但采用和主锅炉–汽轮机相同的蒸汽参数进行并联耦合	＜50%	可进行多种生物质混烧
燃煤转换成 100%生物质燃烧	所有燃料系统、磨煤机和其他有关系统要进行100%生物质转换的改造	100%	只限于生物质颗粒

①生物天然气，bio natural gas。

2. 建设智慧电厂

在国家严格控制产能的背景下，东北地区火电装机的增长已经得到了明显控制，但是仍然有相当规模的存量火电装机。截至 2018 年上半年，辽宁、吉林、黑龙江火电装机容量分别达到 3185 万千瓦、1858 万千瓦、2211 万千瓦。考虑到东北地区火电冗余压力较大的局面，以及吉林、黑龙江等地以热电联产机组为主的影响，东北地区火电设备平均利用小时数增速短期内难以有较大幅度提升，系统调峰能力、火电盈利状况都将受到严峻挑战。在此背景下，东北火电企业加强自我管理、提升调峰能力和市场竞争力，已成为解决上述困境的必由之路。而火电厂智慧化改造则为这一道路提供了方向和工具。

国家发改委、国家能源局、工业和信息化部已于 2016 年发布了《关于推进“互联网+”智慧能源发展的指导意见》，明确指出要促进能源和信息深度融合。随着国家信息化和工业化深度融合方针的贯彻，在节能、降耗、减排政策的驱动下，发电企业对新型数字化电厂、智慧电厂的建设已经成为发展趋势。对于东北老工业基地广大的热电厂而言，“智能发电、智慧电厂”的构建将是广大火电企业提升管理、提升市场竞争优势的创新变革举措。

智慧电厂可以实现从复杂到直观的简化、从“人防”到“技防”的变革、从数字化到智慧化的跨越、由经验控制到精细化控制转变、从人工决策到智慧决策的过程。智慧电厂建设的长远目标是提高电厂经济效率，其体系结构可分为三个层次，分别是智能设备层、智能控制层、智慧管理层，从实现“少人干预，少人值守”到“无人工厂”，保证电厂的安全、稳定、经济、环保运行，达到经济效益和社会效益最大化。

近中期来看，开展火电厂智慧化改造，符合国家对于火电灵活性改造的要求，可以保证机组优先上网，规避分摊成本，此外，智慧电厂还可以发挥其灵活、智能的优势，近期利用东北作为我国推行辅助服务市场化的先行试点的契机，中期则可借助全国电力市场的健全，通过参与深度调峰获得可观的调峰补贴收入。

长期来看，未来随着风电、光伏发电等新能源发电大规模投产、并网，产业结构调整带来的峰谷差的不断拉大，调峰缺口将迅速扩大，调峰补贴总额稳定增长，“蛋糕越来越大”，具备深度调峰能力的火力发电厂将率先受益。

3. 建设废弃矿区资源综合利用示范工程

未来二三十年，随着中国能源低碳转型，将出现大量退役矿井，如何实现废弃资源再利用已经成为紧迫的现实问题。开展废弃矿井资源综合利用研究，符合国家能源安全战略和东北老工业基地振兴的需求。东北老工业基地废弃矿区资源综合利用包括废弃矿区可再生能源综合利用和改造储气库两大应用途径[65-67]。

1）废弃矿区可再生能源综合利用

综合研究国内外废弃矿区可再生能源综合利用现状，我国在这一领域以矿井伴生资源综合利用为主，可再生能源的综合开发还处于起步阶段。其中，光伏发电开展较好，地热发电、抽水蓄能、压缩空气蓄能、多能互补等方面的开发还亟待加强。

例如，可以利用东北地区的废弃矿井，以多种模式开发可再生能源。具体来看，可借助东北煤矿去产能导致的大量矿区闲置土地，以及丰富的太阳能资源，发展光伏发电。开发东北地区众多废弃矿井的地热资源，发展地热发电。结合具有高位差和地下水资源的废弃巷道、矿坑，配套建设抽水蓄能系统承担调峰、备用等任务，建设光伏发电与抽水蓄能相结合的多能互补综合利用示范工程。此外，对废弃矿井产生的煤层气、矿井水等资源进行综合利用也是值得考虑的开发方向。

山西大同采煤深陷区国家先进技术光伏示范基地项目

图 6.5　废弃矿区可再生能源综合利用示范工程

东北地区废弃矿井范围广、数量多，很多废弃后遗留的地质环境问题未能得到解决，如生态环境修复治理、老旧建筑物修复利用、工业场地及设施转型开发等。考虑到东北地区的自然条件，光伏发电、地热发电、抽水蓄能、压缩空气蓄能、联合发电等可再生能源开发模式值得大力推广，可优先建立一批拥有先进技术和经济效益的示范工程（图 6.5）。

东北老工业基地振兴是国家的战略规划，由于历史原因，东北地区的经济社会转型步履艰难，矿井转型发展面临人员安置、环境保护等方面的现实问题，需要结合当地实际情况，科学统筹，全面规划。废弃矿井可再生能源综合利用不仅是能源转型的可行路径，还有助于老工业基地的生态环境保护，具备较好的社会效益，可以作为未来东北废弃矿区转型发展的方向。

2）推进废弃油气藏改建储气库，实现资源化利用

油气田开发有生命周期，在开发末期，油气产量逐渐枯竭，会产生很多废弃油气藏。东北地区是我国重要的能源富集地区，拥有成熟完整的石油天然气工业，建有大庆油田、吉林油田、辽河油田等大中型油气田。东北地区过去几十年的油气田开发已经产生了相当数量的废弃油气藏，可以选择一些符合条件的废弃油气藏建设地下储气库。废弃油气藏改建地下储气库可按如下原则进行筛选。

地质条件：构造简单、内部断层少；埋深适度，500～3000 米，不超过 3500 米，储层厚度大、孔隙度＞15%，渗透率＞100 毫达西①；盖层分布稳定，以泥岩

①1 毫达西=0.987×10–3 平方微米。

和膏岩为主。

气藏条件：天然气性质好，不含酸性气体，尤其是硫化氢含量不超标<20毫克/米^3；油气藏单井初期产能高，一般>10万米^3/天；不含水或水体不活跃者优先。

工程条件：优先选择钻井较少、井况较简单的油气藏。避开井口密集区、大型的工厂及建筑物、特殊区域（保护区、管制区）等，保证安全，易于建库、减少投资。

东北地区目前已经建立了喇嘛甸、双6等油气藏型地下储气库，未来可加大筛选范围和力度，在传统油气田矿区建立更多的油气藏型地下储气库。东北地区油气田地面基础设施完善，可利用已经枯竭的废弃井眼作为天然气注入井或者生产井，有利于节约储气井建设费用。此外，随着经济转型，东北老工业基地拥有大批待转岗的工程技术及管理人员，他们当中很多人都拥有油气行业工作经验，让他们参与储气库的建设和管理，可以有效调动人力资源，同时解决就业问题。

从国家能源战略角度分析，东北地区是中俄东线天然气管道进口天然气的中方承接地，加之东北地区季节性用气调峰需求，加快建立满足地区发展和调峰需求的国家战略天然气储备库和调峰中心，对保障国家能源安全意义重大。

东北地区废弃油气藏改建储气库在具体实施上，应考虑长远天然气业务发展需要，结合东北地区建库资源分布特点，强化地下储气库战略规划布局。例如，可以大庆油田、吉林油田、辽河油田等大中型油气田矿区废弃油气藏为主建立示范项目。

地下储气库建设与经营应遵循其市场发展的客观规律，推进市场化改革，储气库运营单位应成为独立运营的市场主体。逐步落实天然气管网设施第三方准入，建立天然气储备公平公开交易市场。根据市场供需情况形成灵活的储气库运营机制和储气调峰定价机制，实现储气库的自主经营，推动能源体制革命。

东北地区应该充分利用自身的资源条件、设备设施基础和专业型人才储备，推进废弃油气藏改建战略储气库，这不但有利于东北地区可持续发展，也有利于东北继续加强国家能源中心的地位，为我国能源安全和经济发展提供可靠保障。

4. 处理好产业发展存量和增量的问题，使传统装备制造业和新兴高技术产业、农林牧业匹配发展

装备制造业振兴发展。东北地区要发挥存量优势，通过技术改造和产业升级，促进工业结构优化升级，开拓国际市场，加大东北地区装备制造业“走出去”步伐。东北地区装备制造业具有较好的发展基础，产业体系较为完善，自我配套能力强，发展中要发挥存量优势，促进产业结构优化升级。加大科研投入力度，提高创新驱动力，促进产学研结合，建设先进装备制造业基地，优化发展能源工业。

提高装备制造业自主创新能力，结合国家“一带一路”重大倡议，加大东北地区装备制造业“走出去”步伐，拓宽东北地区装备制造业发展空间。利用装备制造、互联网应用的基础，着力强化“互联网+”与制造业的深度融合，加快工业互联网建设，帮助传统制造业优化生产环节和供应链，提高生产效率，推动传统制造向“现代智造”转型。

新兴高技术产业创新发展。高端技术是有效解决老工业基地发展面临矿产资源枯竭、生产方式粗放等突出问题，保证经济可持续发展的战略性措施和重要途径，新兴高技术产业既是老工业基地的接续产业和新的增长点，又能够扩大就业。对于东北地区而言，一方面，培育高端技术产业，发展大健康产业、信息产业、5G 技术、智能化设备等，选择具有技术优势、产业优势、资源优势的信息、航空、生物制药、先进制造等领域，培育新兴高技术产业群，促进高技术产业的规模化和国际化发展，形成新的经济增长点。另一方面，重视传统产业与智能技术结合发展的交叉产业，如能源大数据、数控机床等技术和产业的发展。

农林牧现代化、高质量发展。在东北地区推进农林牧高质量发展，推进传统产业现代化、生态化转型，积极推广新技术，大力引入新模式，践行“绿水青山就是金山银山”的理念，建设美丽东北。

农业方面，东北地区是中国的粮食核心产区和商品粮储备基地，农业现代化水平高。可以在三江平原、松嫩平原、辽河平原等粮食主产区大规模开展应用农业前沿科技，依托黑土地特点，发展生态农业、有机农业，建立农业高科技示范基地，为全国农业现代化升级提供样板。基于东北作为全国优质水稻产区的特点，可以发展有机水稻等高品质农作物，满足人民群众消费升级的需求。应用生物科学技术，在保持玉米、小麦、水稻等主要农作物产量的基础上，提升农作物品质，实现国家粮食安全与农业升级的双重效应。要牢牢把握乡村振兴战略机遇，依靠互联网技术，大力发展智慧农业，走绿色化、优质化、品牌化、特色化道路，实现最佳的资源利用和最小的成本投入，达到农作物生产、运输和销售的智能化管理。

林业方面，东北地区拥有中国最大的天然林区，不仅资源丰富，而且对区域生态环境意义重大。在大兴安岭、小兴安岭、长白山几大主要林区落实生态型发展理念，从粗放的木材等基础资源利用逐渐转型升级到多种产业协同发展、以生态环境保护为优先原则的发展模式。可以大力开发林下作物，如特色果品、中草药，建立相关产业基地，实现多元化经营。林区拥有优良的生态环境，可建设康养型度假区，发展生态旅游业。

牧业方面，东北地区也有很大的牧区，最为典型的如位于内蒙古东部的呼伦贝尔草原。在牧区同样要以生态环境安全为基本原则，因地制宜发展适合牧区特点的现代化牧业，综合考虑牧区的环境承载力，避免过度放牧，造成土地沙化。恢复草场生态，保护湿地环境和野生动植物，发展旅游业和生态牧业，如优质牛羊牧场，提升牧业现代化水平。

东北地区的农林牧业在全国第一产业中具有举足轻重的作用。在当前能源低碳化转型的趋势下，同样应该在能源生产和消费上走低碳化之路，如林区地热资源的利用开发、农牧民太阳能热水器的推广等。所以，农牧区的高质量发展不仅关系到其本身的现代化升级，还对东北乃至全国的经济社会发展和能源低碳转型具有重要的意义。

二、山西战略举措

（一）有序推进煤炭去产能，释放科学产能增加潜力，扩大煤炭有效优质供给，促进煤炭产业的集聚化和绿色化发展[68]

受煤炭需求增速放缓、煤炭产能集中释放、非化石能源替代、进口煤冲击等因素影响，山西省煤炭产能过剩问题显现。短期内，煤炭去产能不但要坚决推进，更要力求稳妥，避免速度过快、力度过大引起共振，最大限度降低煤炭去产能对宏观经济运行带来的负面影响。在此过程中政府要做好托底工作，有序适时平稳推进，要防范去产能政策对资源诅咒的负面效应。就长期而言，山西作为煤炭资源型地区要从根本上解决非周期性产能过剩，必须坚持深化体制改革和机制创新，加快建立适应市场化的体制机制，切实发挥市场在资源配置中的决定性作用，发挥好政府在宏观环境创建方面的主导作用。改变过去产能落后的粗放型生产发展方式，找准经济可持续发展增长点，实现煤炭资源的有效优质供给，真正做到“以增长促发展，以发展促增长”。

科学审慎化解煤炭过剩产能。把化解煤炭过剩产能与调整产业结构紧密结合，推动产业优化升级；把化解煤炭过剩产能与妥善解决重组整合遗留问题紧密结合，推动产业健康持续发展。充分发挥市场机制作用和更好发挥政府引导作用，依法淘汰关闭一批、减量重组一批、减量置换一批、依规核减一批、搁置延缓一批煤矿，严格控制新增产能，有序退出过剩产能，确保煤炭总产能“只减不增”。

根据资源赋存条件和矿井布局结构，在产能减量置换前提下，优先建设安全高效、资源利用高、抗风险能力强的大型矿井。合理安排煤炭开发时序和强度，对特殊和稀缺煤炭资源实行保护性开发利用。以煤矿的现代化、标准化建设为抓手，严格煤矿准入标准、建设标准和管理标准，进一步加快全省现代化煤矿建设步伐，从资源与地质保障、井田开拓、回采掘进与装备、提升运输及装备、安全保障、技术及现场管理、矿井综合信息化、生态环境、管理与效益、职工队伍、劳动保护和企业文化等方面，全方位提升矿井现代化水平。

坚持理念创新。深刻认识能源革命带来挑战的严峻性、新常态下行业发展的速度与结构变化的紧迫性，树立煤炭行业发展由数量速度粗放型向质量效益集约型转变、由传统的机械化向信息化和智能化转变、由劳动密集型向人才技术密集型转变、由单纯生产型向生产服务型转变的理念，培育行业发展新业态、新产业，培育行业发展新优势。

坚持绿色引领。加强矿区生态环境和水资源承载力研究，科学规划矿区开发规模和开发强度；坚持以最小的环境扰动获取最大的资源收益原则，实现生产发展与生态环境保护和资源节约并重；拓展煤矿生态环保治理修复再造方式，推动资源综合利用产业化，形成煤炭工业绿色低碳发展格局。

（二）加强煤层气资源的勘探开发与综合利用，提高煤炭伴生资源的综合利用水平

截至 2015 年底，山西累计探明煤层气地质储量 5784.01 亿立方米，约占全国储量的 88%；2017 年，全国煤层气地面抽采量达 50 亿立方米，利用量约占全国的 90%。约九成储量、开采量位于山西境内。长期以来，煤层气矿业权主要是通过申请在先、行政授予方式取得。“行政为主”导致的市场竞争不充分、有偿使用不到位、部分矿权人不认真履行法定义务等问题不断显现，加之社会资本进入煤层气开发的渠道不畅，一些区块长期仅完成最低勘查投入，“圈而不探”“占而不采”等情况愈演愈烈。

要科学划分煤炭资源管理与煤层气地面排采，提高能源资源集约节约利用。实施煤矿瓦斯抽采全覆盖工程，对煤炭规划区、准备区和生产区达到瓦斯抽采条件的煤层全部开展瓦斯抽采，做到采前、采中、采后和井上、井下全覆盖立体化抽采，不断完善抽采系统、优化抽采工艺、强化抽采管理、拓展利用途径、建设大型基地、确立示范工程、实施管路改造，实现应抽尽抽、以用促抽、抽采达标。

（三）稳步推进煤炭深加工，促进煤炭作为能源、资源双功能的利用，延伸煤炭产业链，提高煤炭产品附加值

山西作为煤炭资源型地区，要发挥比较优势，树立科学发展现代煤化工的观念，把资源型产业发展的重点放在资源转化增值上。目前山西煤炭产品深加工、精加工和转化率还不够高，产品附加值和科技含量依然较低，煤炭产业多元发展、延伸发展、循环发展的任务非常艰巨。全省煤炭产业链延伸不够充分，存在初级产品多而后续精细化产品少的显著缺陷。由于产业链短、产品附加值低，所生产的煤炭产品绝大多数居于产业链上游，主要依靠省外市场拉动，主动调控的空间极为有限，抵御市场风险能力弱。因此在优化提升传统煤化工产业的基础上，山西要因地制宜发展现代煤化工，提高煤炭资源加工利用产品附加值，由传统煤化工向现代煤化工转变，努力突破技术瓶颈，减少水耗和排放，降低成本，有序发展，科学发展，充分发挥省内在煤化工领域的产业和科研优势，加大科技创新组

织和投入，走出一条与石油基不同的差异化、高端化、规模化、国际化的现代煤化工发展路子。

资源型产业链要以提高煤炭综合利用水平和效益为核心，全力推进现代煤化工生产示范基地建设。大力延长资源型产业链条，提高煤炭资源综合利用率和精深加工度，促进产业向高端、产品向终端发展。调整优化资源型产业布局，落实重点产业发展规划，推动优质生产要素向重点园区和骨干企业集中，培育壮大一批专业特色鲜明、品牌形象突出、服务平台完备的现代产业园区。完善资源配置政策，严格执行退出机制，引导资源合理流动，促进资源就地转化，坚持立足煤、延伸煤、超越煤，发展循环经济和“绿色”经济之路。

坚持产业协同。重视资源科学开发与优化布局，构建煤炭资源梯级开发与利用格局；顺应我国煤炭消费总量与消费峰值规律，促进煤炭市场平稳运行；推进经济结构、产业结构融合，纵向上以深加工、精细化、高效转化、循环经济等方式，横向上以产业嫁接、金融协同、物流协同等融合方式，实现煤炭产业上下游产业一体化和共赢发展。

（四）构建废弃矿井建设抽水储能的多元化投资运营模式，鼓励因地制宜开展废弃井巷抽水储能前期规划与建设

山西省2005年至2017年累计关闭矿井3775个，废弃矿井仍赋存大量可利用资源，如不开展二次开发将造成巨大的能源资源浪费，同时也会带来严重的环境和社会问题，但目前山西省废弃矿井资源开发利用整体处于起步阶段。抽水储能电站是为整个电力系统服务的，在电网系统中可发挥多项功能，且只能由电网统一调度才能充分实现其服务功能。目前电网公司在抽水储能电站的建设中发挥主导作用，这有利于抽水储能电站的统一规划、统一调度、有序开发。然而，电网公司一方主导的投资运营模式也导致我国抽水储能电站发展缓慢，无法完全发挥抽水储能电站的优质调峰功能。一方面，可再生能源开发企业随着风能、太阳能装机规模的扩张，急需相应的储能设施来平抑可再生能源的电力波动，可再生能源公司具有储能设施的巨大需求。另一方面，煤电企业担当电力系统调峰主力的代价昂贵，峰荷煤电机组的启停费用高昂，导致峰荷电价高涨，利用抽水储能电站替代煤电机组调峰，整体上成本低、出力稳定，也能整体上降低煤电需求，提升煤电机组平均出力水平，煤电企业也具有替代调峰的储能需求。

因此，可尝试建立抽水储能的多元化投资运营模式。鼓励煤电企业和可再生能源企业参与投资和运营抽水储能电站。而且大型煤电企业目前正朝着煤电一体化的经营思路转型，产业链上游的煤矿区拥有大量的废弃井巷。废弃井巷建设抽水储能电站需要大量的前期投资，用于改造废弃井巷空间，鼓励煤电企业、可再生能源企业多元化参与抽水储能的投资运营，可促进废弃井巷抽水储能的发展。

另外，虽然废弃井巷抽水储能具有多种优点，但其受地质条件、水资源条件等内部因素，以及负荷中心距离、电网规模等外部因素制约，必须考虑这些制约因素，因地制宜地开展前期规划，防止废弃井巷抽水储能电站的一哄而上，避免产能过剩。

（五）推进可再生能源消纳与发展，优化升级能源结构，推动区域能源结构向多元化转型，打造可再生能源开发利用大基地

坚持本地消纳和清洁外送相结合。山西省新型工业化、新型城镇化的深入推进，对能源需求将逐渐加大。要坚持新增能源需求主要由新能源来供给，通过政策导向和技术创新扩大新能源的本地消纳能力。同时协调新能源发电基地与外送通道建设，合理配置电力系统内的各类调峰电源，提高新能源电力外送能力和经济性。

山西省是全国重要的综合能源基地，在全国能源发展格局中具有重要的战略地位。坚持全面布局和重点突破并举，立足山西省风能、太阳能、生物质能、水能及地热能的比较优势，全面布局、整体推进各项新能源开发和利用，研究各市县新能源资源的特点，根据各地实际情况编制各具特色的新能源发展规划。

以积极推动能源生产和消费革命为导向，深入贯彻绿色低碳战略；充分发挥市场决定性作用和政府服务功能，遵循“基地带动、多元开发、创新驱动、科技引领”的理念，高标准推进风电和光伏基地建设；利用“风光水火”打捆方式建设京津冀清洁能源供应基地、国家级新型综合能源基地，多元推动分布式光伏、水电、地热能利用，生物质能利用和煤层气利用；积极培育和壮大新能源装备制造及相关配套产业，不断加强科技引领，提高山西省新能源产业在国内外的核心竞争力，为煤炭资源型地区实现风、光、水、火、储多能互补的混合能源发展提供范例。

第二节　政 策 建 议

一、出台“山西-蒙东-东北”能源经济特区建设的政策，构建东北亚能源合作平台

体制机制方面，促进资源的高效配置，人才、资金有效流动，实现区域间的协同发展；政策引导方面，国家层面及地方政府制定定向的能源财政政策及税收优惠政策，推动项目落地，加强科技创新，实现高质量发展。

区域内，提升基础设施水平，控制新增火电装机，鼓励有序发展清洁能源，研究建设电力外送通道，从供需两侧推动解决东北地区“窝电”问题。同时，域

内应注重能源储备基地的建设，不仅可应对短期能源供应冲击，还可为能源消费的观念转变争取一定的时间。

区域外，充分发挥区位优势，加快自贸区建设，加强与东北亚各国合作，通过“外联内引”实现产品和服务的自由流通，实现国内外知识、技术的充分交流。采取更加积极的外交政策营造更好的地缘政治环境，释放东北亚作为较大经济体量辐射区的能量，释放“中日韩俄蒙朝”较大经济体量及发展层次互补性极强的区域的活力。加强与中东部地区之间的互联、互通、互补和互动，老工业基地与中东部地区发起“一帮一”发展模式，实现优势互补、区域联动、融合发展。

二、加大支持页岩油开发

实现陆相页岩油现场试验成功，并尽快推广开发，可从两个层面进行努力。

国家层面：一是向国家部委申请给予页岩油财政补贴或降低资源税、矿税等税费，支撑页岩油领域工业启动和发展；二是积极向相关政府部门建言献策，争取减少页岩油试验用地申请等环节，解决中央企业与地方企业关系，将中央企业与地方企业在税收等方面采用同等政策，为页岩油工业试验铺平道路；三是争取国家在实验室建设、关键技术引进等方面开通绿色通道，加快技术配套成型。

央企、民企和地方层面：一是高度重视基础理论研究，为找准“甜点段”、明确“甜点区”提供有利认识指导；二是持续攻关，尽快突破制约陆相页岩油发展的关键技术，形成自主研发的国产核心技术系列；三是加大整合央企、地方、民企、社会资本等各种力量，利用市场手段加大对页岩油攻关的支持力度，共同推进开发。

三、支持废弃油气藏、废弃矿井的综合利用

设立废弃矿井太阳能、地热能等可再生能源利用发展专项资金，支持对可利用废弃油气藏、煤矿井巷资源进行摸底调查，制定废弃矿井开发利用标准体系与政策。应对矿井地下空间资源及露天矿空间资源的分布、数量等基本信息进行系统调研，并对矿山环境潜在问题、环境修复治理、地下空间与矿井水利用等进行调查，提出可利用空间资源的详细数据[69]。

支持废弃矿井利用模式的相关研究。要创新开采模式，对废弃矿井能源资源进行安全智能精准开发利用，如地下煤炭气化高效转化与开发利用耦合机制、基于安全智能精准控制的地下空间储物环境保障机理、基于多场耦合的矿井水及非常规能源智能精准开发模式、构建废弃矿井可再生能源开发与微电网输能模式、构建基于生态修复与环境支持的废弃矿井旅游开发模式等。

针对废弃煤矿井巷资源开发利用项目的申报、审批、实施、监督全过程，应

建立完善的政府监管体系，并出台支持政策和管理办法，简化审批程序，在核准指标配置和备案手续政策上向去产能矿井开发利用项目倾斜。开展相关产业财政补贴、减免税、专项基金等多种扶持政策的研究。在废弃矿井太阳能、地热发电项目方面，制定和完善上网电价，并根据发电技术的发展适时调整。

制定煤矿退出或关闭时的闭井标准，在闭井标准中充分考虑为矿井废弃后太阳能、地热能及地下煤炭资源等的综合利用提供有利的条件，特别是在灾害治理及安全保障方面必要时要有相应的措施及工程。对于已退出生产或关闭的废弃矿井，尽早制定再开发的相关安全法规，明确审批程序，在措施到位、安全有保障且合法合规的前提下，开展废弃矿井可再生能源开发利用工作。

四、支持资源型地区转型，逃脱资源陷阱

老工业基地作为资源丰富地区的代表，要在快速发展时期提前做好长远期发展规划，有序引导转型发展。加快装备制造业、石化行业等传统工业转型升级，优化产品结构，引导企业产品向高端化发展。适当降低开采衰竭期的矿山企业及低丰度油田的资源税税额标准。调整高新技术企业减免税政策，助推战略性新兴产业培育工程，开展新能源汽车、电子信息、先进装备制造等关键技术攻关。

研究出台煤矿“减量重组”政策。“减量重组”可有效降低退出成本、缓解社会矛盾、减轻财政负担，是企业容易接受的去产能方式。建议国家提出“减量重组”基本原则，支持山西试点，在国家原则框架内进行探索。对资源整合改造建设煤矿承担化减过剩产能任务分类施策。资源整合山西走在了前面，建议国家同意山西在整体完成国家下达去产能任务的前提下，允许对资源整合改造煤矿承担去产能任务进行内部调整，支持山西提高煤炭先进产能占比。

五、强化化石能源的资源功能，支持化石能源的资源转化利用

加大对煤制油项目和煤制精细化学品项目的科研资金投入，建立以工业生产为基础、直接面向产品市场化的工程技术研究中心，缩短产品市场化量产的周期。加快石油化工基地转型升级，培育石油化工产业核心竞争能力，要从低成本竞争向差异化竞争转型，从投资驱动向创新驱动转型，从粗放发展向集约发展转型，从多元化向归核化转型，从规模扩张向质量提升转型，从跨越式发展向可持续发展转型。

煤基油品及精细化学品的特性不适用于消费税的调节范围。近期国际原油价格大幅下降，国家连续三次上调消费税税率，使得煤基油品消费税综合税负已超过 40%。沉重的消费税税负严重影响了企业生产经营，直接制约了煤制油产业的

发展。煤基成品油作为国家能源安全战略储备，具有高品质、高清洁度的产品特性，应与石油基成品油区别对待，不应包含在消费税的调节范围之内。为扶持和保护煤基制油产业，应赋予其等同于传统石油行业的市场准入机制，配套可促进产业发展的优惠政策；为体现税收的公平性，建议国家相关税务部门对山西煤制油企业进行审核、认定后，对煤制油产品实行“免征消费税”的税收政策。

六、建设可再生能源多元化利用示范基地

推进将生物质资源的规模化和市场化开发利用纳入东北老工业基地转型发展的重点战略：开展建设生物质燃料的全国性产业的顶层设计，对产业规模、实施方案、相关政策和体制、协调机制等进行研究；制定生物质逐步替代煤炭燃料战略，作为发展“清洁低碳，安全高效”现代能源体系的重要组成部分；完善生物质供热产品价格补贴政策，针对东北地区冬季多电缺热现象，因地制宜发展生物质供热项目；针对生物质天然气产业，需要加快行业标准落地，推动生物质天然气进入传统燃气市场。

为风光可再生能源的多元化利用提供支撑：统筹风光资源布局、电力输送和市场消纳，完善电力调度和运行管理机制；鼓励风电厂参与当地电供暖改造项目，并获得优先供电权；规范电供暖用户和风电企业参与标准，确保风电供暖电力市场交易有效执行；给予风电制氢项目税金和土地等政策优惠，鼓励风电制氢企业与氢能企业互相投资，深入合作，相互推动发展；落实全额保障性收购、由电网企业负责升压站以外的配套电网工程等政策，放开容配比限制，提高保障性收购小时数水平，尽可能降低非技术成本。

七、加大人才引进力度并落实人才激励政策机制

人才是地区发展的主要推动力量，要充分发挥人才在创新创业中的核心作用，认真探索有利于人才发展的制度环境，完善人才培养体系。东北地区人口外流及老龄化带来的人力资源短缺，已成为制约东北经济发展的瓶颈，加快人才培养和智力引进迫在眉睫。将培养、引进、留住、用好人才放在优先位置，制定并落实人才培育及引进政策，完善人才激励机制，建立一个开放、共享、激励的人才吸引机制势在必行[70-71]。

（1）培育和引进人才。高校、职业教育机构应增强与市场经济的对应度，避免人才培养与使用相互脱节的问题；加快“双创”平台建设，制定优惠待遇政策，吸引各地区优秀人才来东北落户，尤其是几大中心城市更应积极招才引智，实现人才供给的不断优化；鼓励并从政策上支持老工业基地下岗工人转岗就业、创新创业，挖掘人力资源潜力。

（2）留住并用好人才。在培育人才、引进人才的同时，争取留住人才、用好人才。在人才激励方面，鼓励高校、科研院所和国有企业强化对科技、管理人才的激励，建立健全充分体现智力劳动价值的分配机制。积极打造尊重人才的大环境，使高精尖人才得以充分利用和有效配置，在为东北经济建设贡献才智的同时使自身价值得以实现，从而形成人才虹吸效应。

（3）建设国际科技合作示范基地，建立科技人才信息网络体系，实现区域科技人才信息资源共享。着力创建以企业为主导、产业创新为重点的创新环境，促进大众创业、万众创新，大力发展民营经济，发挥民营经济对双创人才的吸收作用，通过汇聚人才，带动产业创新。

参 考 文 献

[1] 习近平：积极推动我国能源生产和消费革命[EB/OL]. http://www.xinhuanet.com/politics/2014-06/13/ c_1111139161.htm[2014-06-13].

[2] 在党的十九届一中全会上的讲话[EB/OL]. http://www.qstheory.cn/dukan/qs/2017-12/31/c_1122175484. htm[2017-12-31].

[3] 中华人民共和国国务院新闻办公室.新时代的中国能源发展[EB/OL]. http://er.cgmia.org.cn/FileUpLoad/Picture/637453587659725313.pdf[2020-12-21].

[4] 杨春杰. 我国东北地区能源利用分析[J]. 工业技术经济，2008，27（5）：22-25.

[5] 王迎. 东北亚区域经济一体化趋势下的东北振兴[J]. 黑龙江对外经贸，2010，（11）：67-69.

[6] 丁吉林，连希蕊.先行敢试破解资源型经济转型难题——专访国家发展改革委经济体制综合改革司司长孔泾源[J]. 财经界，2012，（19）：10-13.

[7] 包兴. 煤炭行业两化融合发展现状和趋势分析[J]. 煤炭经济研究，2019，39（7）：74-78.

[8] 徐绍史. 《中华人民共和国国民经济和社会发展第十三个五年规划纲要》辅导读本[M]. 北京：人民出版社，2016.

[9] 中共中央 国务院关于全面振兴东北地区等老工业基地的若干意见[EB/OL]. http://www.mofcom. gov.cn/article/b/g/201607/20160701358204.shtml[2016-07-13].

[10]中共中央国务院关于新时代推进西部大开发形成新格局的指导意见[EB/OL]. https://baijiahao. baidu.com/s?id=1666935344118881442&wfr=spider&for=pc[2020-05-17].

[11] 习近平主持召开中央全面深化改革委员会第八次会议强调 因势利导统筹谋划精准施策推动改革更好服务经济社会发展大局[EB/OL]. http://www. xinhuanet.com/video/2019-05/29/c_1210147052.htm[2019-05-29].

[12] 国务院印发《关于支持山西省进一步深化改革促进资源型经济转型发展的意见》[EB/OL]. http://www.gov.cn/xinwen/2017-09/11/content_5224313.htm[2019-09-11].

[13] 能源情报研究中心. 中国能源大数据报告（2018）[R]. 北京：能源情报研究中心，2018.

[14] 黑龙江省统计局. 黑龙江统计年鉴 2019 [M]. 北京：中国统计出版社，2019.

[15] 吉林省统计局. 吉林统计年鉴 2019 [M]. 北京：中国统计出版社，2019.

[16] 辽宁省统计局. 辽宁统计年鉴 2019 [M]. 北京：中国统计出版社，2019.

[17] 黑龙江省能源发展“十三五”规划印发 加强配电网建设 加快电力体制改革[EB/OL]. https://shupeidian.bjx.com.cn/news/20180108/872575.shtml[2018-01-08].

[18] 吉林印发《吉林省能源发展“十三五”规划》[EB/OL]. https://shupeidian.bjx.com.cn/news/20170525/827557.shtml[2017-05-25].

[19]辽宁省电力行业协会. “十三五”能源发展主要目标[EB/OL].http://www.lnepa.com/sjtj/344.htm[2019-09-04].

[20] 尹鹤松. 辽宁省风力发电行业发展战略的研究[D]. 沈阳：沈阳大学，2014.

[21] 电力规划设计总院. 中国能源发展报告（2018）[R]. 北京：电力规划设计总院，2019.

[22] 山西省统计局. 山西统计年鉴 2019 [M]. 北京：中国统计出版社，2019.

[23] 中华人民共和国国家统计局. 中国统计年鉴 2017 [M]. 北京：中国统计出版社，2017.

[24] 中国工程院“东北水资源”项目组. 东北地区有关水土资源配置、生态与环境保护和可持续发展的若干战略问题研究[J]. 中国工程科学，2006，8（5）：1-24.
[25] 张晓琦. 基于产业集群培育的公共政策框架研究——以大连装备制造业发展为例[D]. 大连：东北财经大学，2011.
[26] 于雪霞. 哈尔滨市科技支持体系构建及支持能力评价[D]. 哈尔滨：哈尔滨工程大学，2006.
[27] 陈获. 德国鲁尔工业区大区域转型更新分析——以 IBA 艾姆舍公园项目为例[J]. 建筑与文化，2015，（5）：90-92.
[28] 陈涛. 德国鲁尔工业区衰退与转型研究[D]. 长春：吉林大学，2009.
[29] 刘雨晴. 徐州潘安湖采煤塌陷区转型模式及综合效益研究[D]. 徐州：中国矿业大学，2020.
[30] 刘秋月，王嵘，刘涛，等. 徐州市潘安湖煤炭塌陷区湿地生态治理[J]. 江苏科技信息，2016，（27）：52-54.
[31] 周文琴，王宝玉. 徐州潘安湖煤矿塌陷地湿地景观生态修复[J]. 江苏建设，2016，（4）：57-61.
[32] 王刚，孙国昕，金亚杰，等. 大庆油田企业转型发展分析[J]. 石油科技论坛，2020，39（6）：68-73，81.
[33] 刘合，赵喆，张国生，等. 石油资源型城市转型的思考与探索——以大庆市（大庆油田）为例[J].大庆石油地质与开发，2019，38（5）：18-22.
[34] 王震，陈永健. 能源转型背景下石油公司的战略选择[J]. 北京石油管理干部学院学报，2019，26（2）：8-13.
[35] 兰凤春，李晓宇，龙辉. 欧洲大型燃煤锅炉耦合生物质发电技术综述[J]. 华电技术，2020，42（10）：88-94.
[36] 王剑利，张金柱，吉金芳，等. 生物质燃煤耦合发电技术现状及建议[J]. 华电技术，2019，41（11）：32-35.
[37] 何培红，沈冶，胡志波，等. 中国燃煤与生物质气化耦合发电技术的探索与实践[J]. 神华科技，2019，17（2）：22-26.
[38] 王刚，曲红建，吕群. 我国生物质气化耦合发电技术及应用探讨[J]. 中国环保产业，2018（1）：16-19.
[39] 叶菲，赵洪生，林昊宇. 生物质气化与燃煤热电联产机组耦合的经济性分析[J]. 吉林电力，2018，46（6）：5-8.
[40] 刘俊义. 煤基合成油项目工业化技术展望[J]. 煤，2011，20（3）：49-50，56.
[41] 徐曼. 发展光伏等可再生能源 推动我国能源转型发展——专访隆基股份董事长钟宝申[J]. 金融世界，2018，（12）：92-94.
[42] 张延陶. 新政之下 光伏企业断臂求生[J]. 英才，2018，（Z2）：74-75.
[43] 张辉. 隆基股份：科技创新是企业发展的核心竞争力[J]. 中国科技产业，2018，（9）：61-63.
[44] 张理，叶斌，尹晨旭，等. 风电制氢经济性及发展前景分析[J]. 东北电力技术，2020，41（7）：5-9，37.
[45] 张丽，陈硕翼. 风电制氢技术国内外发展现状及对策建议[J]. 科技中国，2020，（1）：13-16.
[46] 王敏. 国内外新能源制氢发展现状及未来趋势[J]. 化学工业，2018，36（6）：13-18.
[47] 黄维和，韩景宽，王玉生，等. 我国能源安全战略与对策探讨[J]. 中国工程科学，2021，23（1）：112-117.
[48] 黄其励，袁晴棠，韩涛. 能源生产革命的若干问题研究 [J]. 中国工程科学，2015，17（9）：

105-110.
[49] 高丹，孔庚，麻林巍，等. 我国区域能源现状及中长期发展战略重点研究[J]. 中国工程科学，2021，23（1）：7-14.
[50] 赵云龙，孔庚，李卓然，等. 全球能源转型及我国能源革命战略系统分析[J]. 中国工程科学，2021，23（1）：15-23.
[51] 黄其励，李全生，李伟起，等. 能源革命推动老工业基地转型发展战略研究[J]. 中国工程科学，2021，23（1）：79-85.
[52] 罗晖. 能源革命路线图来了——解读《能源生产和消费革命战略（2016—2030）》[N]. 科技日报，2017-05-24（6）.
[53] 袁立明. 中国“能源革命”五年路线图国家能源局副局长李仰哲解读《能源发展“十三五”规划》[J]. 地球，2017，（2）：63-67.
[54] 戴彦德，田智宇，朱跃中，等. 重塑能源：面向 2050 年的中国能源消费和生产革命路线图[J]. 经济研究参考，2016，（21）：3-14.
[55] 栗继祖. 能源革命推动老工业基地转型发展的战略思考[J]. 煤炭经济研究，2019，39（9）：1.
[56] 谢克昌. 因地制宜推进区域能源革命的战略思考和建议[J]. 中国工程科学，2021，23（1）：1-6.
[57] 谢克昌. 推动能源生产和消费革命战略研究 综合卷[M]. 北京：科学出版社，2017.
[58] 王雅秋. 山西能源革命综合改革试点绩效评价体系构建研究——以大同市为例[J]. 经济问题，2021，（1）：106-111.
[59] “能源领域咨询研究”综合组. 推动能源生产和消费革命战略研究[J]. 中国工程科学，2015，17（9）：11-17.
[60] 胡素云，赵文智，侯连华，等. 中国陆相页岩油发展潜力与技术对策[J]. 石油勘探与开发，2020，47（4）：819-828.
[61] 王倩茹，陶士振，关平. 中国陆相盆地页岩油研究及勘探开发进展[J]. 天然气地球科学，2020，31（3）：417-427.
[62] 韦新东，张天阳，秦烨欣. 多能互补清洁供热技术研究进展[J]. 吉林师范大学学报（自然科学版），2021，42（1）：61-66.
[63] 岳云力，李倩，方勇，等. 考虑风电消纳的电供暖多方合作博弈研究[J]. 浙江电力，2020，39（9）：95-102.
[64] 王海东. 黑龙江省生物质能发展研究[D]. 哈尔滨：东北农业大学，2010.
[65] 任辉，吴国强，张谷春，等. 我国关闭/废弃矿井资源综合利用形势分析与对策研究[J]. 中国煤炭地质，2019，31（2）：1-6，81.
[66] 李全生，李瑞峰，张广军，等. 我国废弃矿井可再生能源开发利用战略[J]. 煤炭经济研究，2019，39（5）：9-14.
[67] 袁亮. 推动我国关闭/废弃矿井资源精准开发利用研究[J]. 煤炭经济研究，2019，39（5）：1.
[68] 黄其励. 绿色能源的发展之路[J]. 分布式能源，2019，4（2）：1-7.
[69] 李国韬，金根泰. 油气藏型储气库废弃井封堵技术浅析[J]. 油气井测试，2017，26（6）：50-51，55，75-76.
[70] 杨晶. 构建东北创新发展的人才支撑体系研究[J]. 长春市委党校学报，2018，（2）：57-60.
[71] 董博. 中国人才发展治理及其体系构建研究[D]. 长春：吉林大学，2019.